Weihnachtszeit

Weihnachtszeit

Ein Lesespaziergang
durch den Advent

Iris Schürmann-Mock
und Katrin Lankers

Illustrationen von
Helga Gebert

 GERSTENBERG

Inhalt

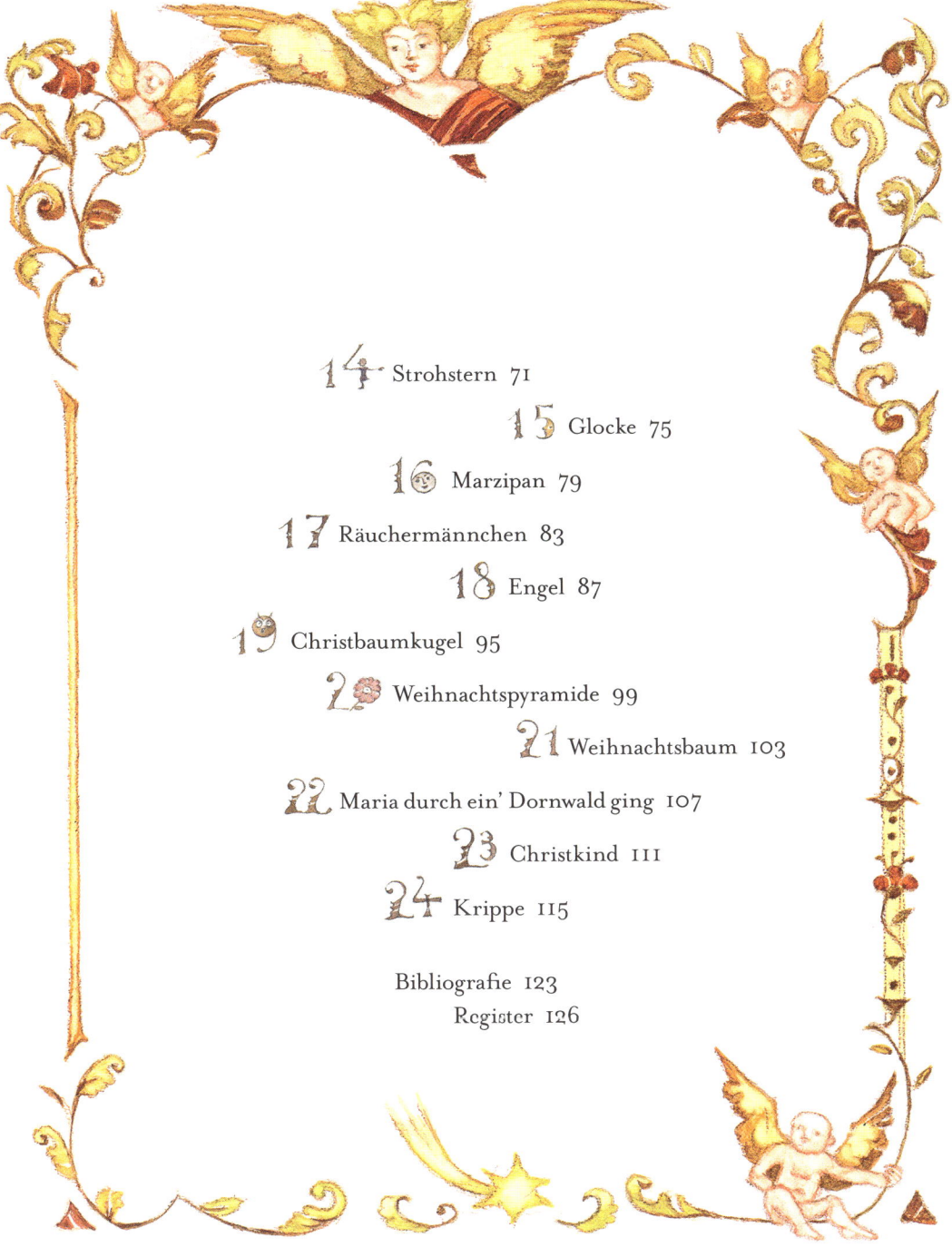

ADVENTSKALENDER Überall ist es schon zu spüren, im Haus, in der Straße, in der ganzen Stadt: Weihnachten ist nicht mehr fern. In den Zimmern duften würzig die Tannenzweige und süß das Gebäck. Strohsterne zieren die Fenster, Kerzen leuchten warm. Und der erste Schnee breitet eine dünne weiße Decke über die Erde. Es ist Advent, die Zeit der freudigen Erwartung. Vier Wochen lang bereiten sich die Christen auf die Geburt des Jesuskindes vor. Da wird gebacken und gekocht, geputzt und geschmückt. Da werden Geschenke verpackt und versteckt. Geschichten werden erzählt und Gedichte aufgesagt. Und immer wieder stimmen die Menschen das altbekannte Adventslied an: »Macht hoch die Tür, die Tor macht weit; / es kommt der Herr der Herrlichkeit.«

»Advent« – die Ankunft Christi ist nah. So lautet das feste Versprechen der Vorweihnachtszeit. Jesus ist unterwegs und begehrt Einlass bei den Menschen. »Ich klopfe an«, sagt er in einem Gedicht von Karl Gerok: »Ich klopfe an zum heiligen Advent / und stehe vor der Tür. / O selig, wer des Hirten Stimme kennt / und eilt und öffnet mir! / Ich werde Nachtmahl mit ihm halten, / Ihm Gnade spenden, Licht entfalten. / Der ganze Himmel wird ihm aufgetan. / Ich klopfe an.« Vorbehaltlos soll man dem aufmachen, der anklopft. Denn nicht immer erscheint der Besucher in der erwarteten Gestalt. So wird eine Geschichte als Mahnung erzählt für alle, die im Advent auf die Ankunft des Herrn warten.

Es geschah in der Zeit, als der liebe Gott noch auf Erden wandelte. Da versprach er einmal einer alten Frau, sie zu besuchen. Darauf war die Alte nicht wenig stolz. Sie scheuerte und putzte, buk und tischte auf. Und dann fing sie an, auf den lieben Gott zu warten. Da klopfte es an ihrer Tür. Geschwind öffnete die Alte, aber als sie sah, dass draußen nur ein armer Bettler stand, sagte sie: »Geh deiner Wege! Ich warte auf den lieben Gott, ich kann dich nicht aufnehmen!« Und warf dem Bettler die Tür vor der Nase zu. Nach einer Weile klopfte es von neuem. Und wieder stand ein armer Mann vor dem Haus. Doch auch diesen wies die Alte schroff ab. Ein drittes Mal klopfte es. Wieder bat ein zerlumpter und hungriger Bettler inständig um ein wenig Brot und ein Lager für die Nacht. »Ach, lass mich in Ruhe! Ich warte auf den lieben Gott!«, schimpfte die Alte. Und sie schickte den Mann fort und wartete weiter. Die Zeit ging hin, Stunde um Stunde, und immer noch war vom lieben Gott nichts zu sehen. Zu guter Letzt ging die Alte betrübt zu Bett. Im Traum aber erschien ihr der liebe Gott und sprach zu ihr: »Dreimal habe ich dich aufge-

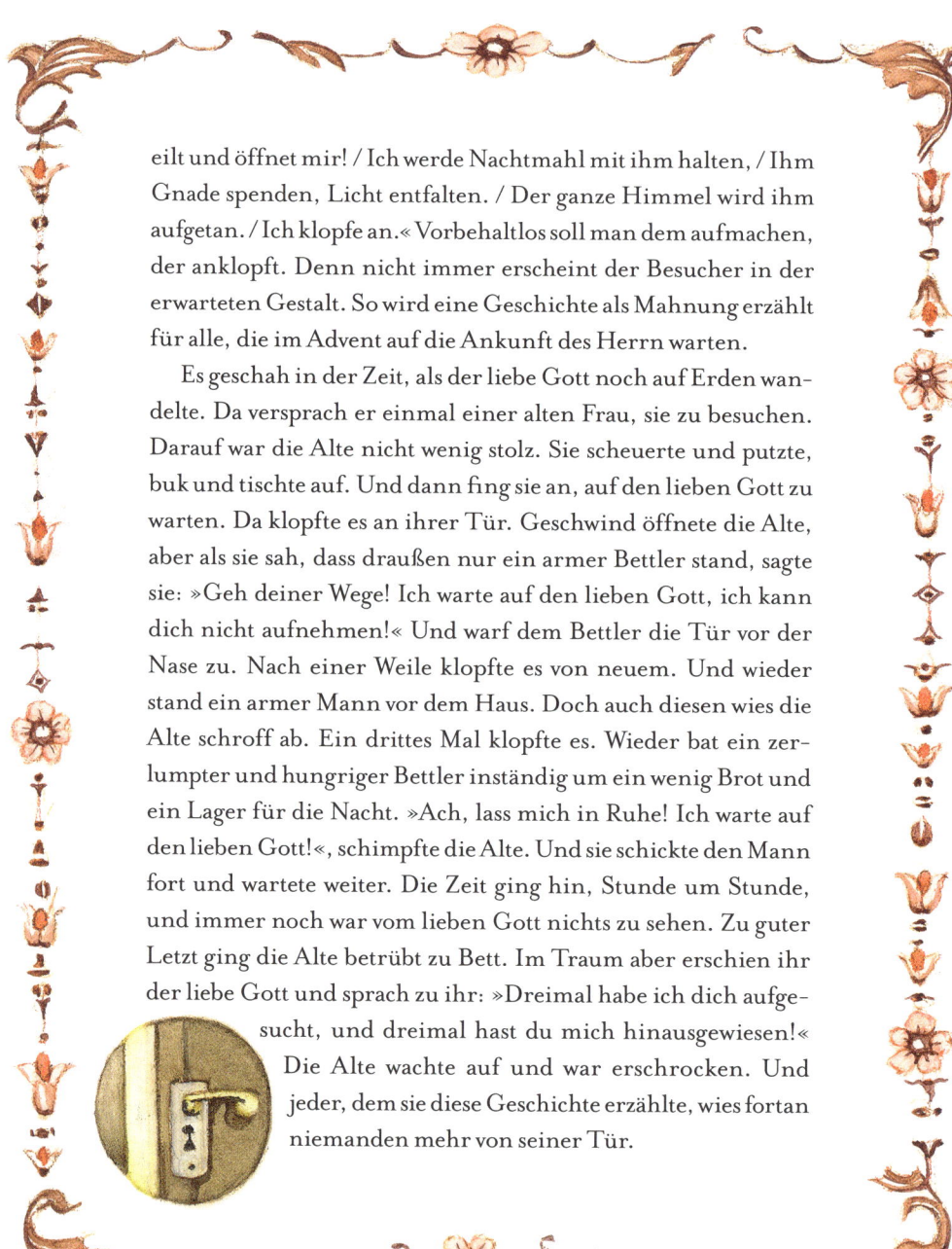

sucht, und dreimal hast du mich hinausgewiesen!« Die Alte wachte auf und war erschrocken. Und jeder, dem sie diese Geschichte erzählte, wies fortan niemanden mehr von seiner Tür.

Es ist Advent, die Zeit, in der Türen geöffnet werden. Die
großen Kirchentüren, durch die die Gläubigen zur Krippe gehen. Sie legen Strohhalme hinein, damit das Kind am Heiligen
Abend weich gebettet sein wird. Auch die Türen ihrer Häuser
und Wohnungen schließen sie auf, um Nachbarn und Freunde
einzulassen zum gemütlichen Beisammensein. Und hinter vierundzwanzig Papptürchen entdecken die Kinder Tag für Tag ein
weiteres Stückchen der weihnachtlichen Wunderwelt: einen
Stern, einen Engel, ein Lebkuchenherz oder eine Glaskugel,
gemalt oder aus Schokolade, das sind die Vorboten des herbei-
gesehnten Festes.

Es ist Advent, die Zeit des langen Wartens. Seit Weihnachten als großes Familienfest gefeiert wird, fällt Kindern das Warten auf diesen Tag unsagbar schwer. Ach, wie lange dauert es noch, bis es endlich so weit ist? Wie oft muss ich noch zu Bett gehen, wie oft noch aufwachen, bis der Heilige Abend da ist? Was haben Eltern sich nicht alles einfallen lassen, um die Tage zählbar und die Ungeduld erträglich zu machen: Vierundzwanzig Kreidestriche zeichnete der Vater am 30. November an die Tür zur Wohnstube, an einen Holzbalken oder an die Schranktür im Kinderzimmer. An jedem Abend durfte dann eines der Kinder einen Strich wegwischen. »Mitunter wurde mittags schon der halbe Strich getilgt. Beschleunigt wurde der Ablauf der Tage dadurch freilich nicht«, heißt es in einem Bericht über diese Zeit. In anderen Familien brannte eine Adventskerze herunter. Vierundzwanzig Markierungen waren daraufgeklebt oder in das Wachs eingeritzt. Und mit jedem Zentimeter, den der Docht kürzer wurde, rückte das Weihnachtsfest näher.

In einem anderen Bericht ist von einem Adventsbäumchen die Rede: Die Mutter befestigte einen Spielreifen in der Krone des Baumes, in den waren vierundzwanzig Haken geschraubt. Aus Papier hatte sie Sterne geschnitten und auf jeden eine andere Adventsverheißung geschrieben. Jeden Morgen nun wurde eine davon vorgelesen und an den Reifen gehängt, dazu wurde ein Licht aufgesteckt, »bis sich der ganze Kranz mit Lichtern und

Sprüchen die Adventszeit hindurch gefüllt hatte und das Christkind ihn sich für die oberste Spitze des großen Christbaumes einen Tag vor Weihnachten abholte«.

Ungeduldig wartete wohl auch der kleine Gerhard Lang auf
den Heiligen Abend. »Mutti, Mutti, wie viele Tage sind es noch
bis Weihnachten?«, fragte der Pfarrerssohn aus Maulbronn un-
zählige Male am Tag. Die geplagte Mama kam schließlich auf die
kluge Idee, ihrem Quälgeist die Wartezeit ein wenig zu versüßen:
Sie nahm ein viereckiges Stück Karton und zeichnete vierundzwanzig Kästchen darauf. In jedem Feld spießte sie ein Wibele
auf, so heißt ein traditionelles schwäbisches Biskuitgebäck. Jedes
der Kästchen, erklärte sie dem Jungen, bedeute einmal aufstehen
und zu Bett gehen, und jeden Tag durfte er nun ein Plätzchen
abpflücken. Und als die ganze Pappe leer war, war es endlich Zeit,

dass sich die Tür zum Weihnachtszimmer öffnete. Die süße Kindheitserinnerung an die aufregendste Zeit des Jahres behielt Gerhard Lang fest im Gedächtnis. Und so kam es, dass er 1904 einen der ersten gedruckten Adventskalender auf den Markt brachte. Seitdem ersann er als Teilhaber der lithografischen Anstalt Reichhold & Lang viele Jahre lang jährlich neue Kalender – Adventsuhren zum Beispiel, auf denen der Zeiger jeden Tag um eine Zahl nach vorn rückte, und kleine Häuser aus Pappe mit vierundzwanzig Fenstern, hinter denen sich bunte Bilder verbargen. Bis die Adventskalender Türchen bekamen, dauerte es allerdings noch einmal gut zehn Jahre. Und dieser erste Kalender von Gerhard Lang sah ganz anders aus, als wir es heute gewöhnt sind.

Wenn die Kinder ihn daheim auspackten, fanden sie sich »im Lande des Christkinds« wieder. Das Wunderwerk bestand aus zwei Blättern, von denen das eine mit Versen und das andere mit Bildern versehen war. Jeden Tag wurde der Text vorgelesen, dann das passende Bild ausgeschnitten und auf den Text geklebt. Auf dem bunten Aquarellbogen eröffnete sich so nach und nach die rege Betriebsamkeit in der himmlischen Weihnachtswelt, denn bis Heiligabend haben die Engel noch viel Arbeit zu erledigen. Deshalb ruft das Christkind sie zusammen und gibt ihnen seine Anweisungen: »Nun gebt mal Ruh, / Hört still und aufmerksam mir zu, / Und jedes von euch merkt sich nun, / Was es für Weihnacht hat zu tun. / Passt mir fein auf und gebet Acht, / Dass ihr mir alles richtig macht, / Dass nichts verschlampt wird und verschlappt, / Damit am Feste alles klappt.«

Und so fliegen die Engel los, um ihre zahlreichen Aufgaben zu erledigen. Sie wecken die Puppen aus ihrem tiefen Schlaf und machen sie mit Kamm und Schwamm und neuen Kleidern fein für die Bescherung. Auch der Nussknackerkönig, der Schäfer mit seinen Schafen, das Schaukelpferd und die Zinnsoldaten werden aufgeweckt und auf ihre Reise zur Erde vorbereitet. In der Himmelsbuchhandlung sucht ein Engel die Lektüre für den Gabentisch aus, da darf der *Struwwelpeter* natürlich nicht fehlen. An anderer Stelle malt ein Künstler die Zeichnungen in den Bilderbüchern mit zarten Strichen farbig aus. Und der Bäcker mit der großen weißen Mütze rollt den Teig für die Plätzchen aus.

Kurz vor Heiligabend werden alle Geschenke dann zur Erde gebracht. »Nun saust vom Himmel hoch herab / Ein Schlitten um den andern. / Dann übers ganze Land dahin / Die Engel alle wandern. / Sie kehren ein in jedes Haus, / Und wie der Engel Weise, / So legen sie die Gaben hin / Bei Nacht ganz still und leise.« Und dann, am 24. Dezember, steht endlich das Christkind winkend vor dem geschmückten Weihnachtsbaum. »Heut' früh schon hörte man im Haus / Des Christkinds Flügelschlag, / Das lange Warten ist nun aus, / Heut' ist der Weihnachtstag.«

ADVENTSKRANZ Es gibt Gegenstände und Bräuche, die sind
uns so selbstverständlich und vertraut, als habe es sie schon immer
gegeben. Zu ihnen gehört der Adventskranz. Jedes Jahr, wenn die
erste Kerze angezündet wird, setzt er ein Zeichen gegen die Hek-
tik und Unruhe, die heute vielfach die Wochen vor Weihnachten
prägen. Jetzt beginnt die Zeit der Erwartung, sagt dieses Zeichen,
die Zeit der inneren Vorbereitung und der stillen Freude.

    Adventskränze werden auf allen Märkten und in den Blumen-
geschäften angeboten. Doch in vielen Familien ist es immer noch
üblich, sie selbst zu binden. Fichtenzweige werden um einen
dicken Draht oder einen Kunststoffring gewunden und mit
Blumendraht befestigt. Und auf dem Grün findet all das Platz,
was man bei einem Spaziergang durch den spätherbstlichen
Wald gefunden hat: Kiefernzapfen und Hagebuttenäste, be-
mooste Zweige und die letzten bunten Blätter, sorgfältig gesäu-
bert und auf Zeitungspapier getrocknet. Manch
anderes Schmuckstück wird in einer Schachtel
aufbewahrt und Jahr für Jahr mit Vergnügen
wiederentdeckt: Glitzersterne und Trockenblu-

men, Glaskugeln und lackierte Holzäpfel – fast mehr, als auch der prächtigste Kranz tragen kann. Da heißt es auswählen und sich auch einmal von einem Lieblingsteil trennen, das vielleicht schon etwas zerrupft aussieht. Wenn dann noch Bänder um den Kranz geschlungen und die Kerzen befestigt sind, dann ist es Zeit für den Vers, einen der ersten, den Kinder auswendig hersagen können: »Advent, Advent, ein Lichtlein brennt.«

Vier Sonntage hat der Advent, und an jedem leuchtet ein weiteres Licht, wird es heller im Raum, und mit jeder Kerze wächst die Hoffnung, dass die Dunkelheit der Welt durch das Licht des Weihnachtsfestes überwunden werden kann.

Viele Bestandteile des Adventskranzes haben eine symbolische Bedeutung und machen ihn auch dadurch zum besten Begleiter durch die Adventszeit. Immergrün sind die Zweige, aus denen er geflochten ist. Sie zeigen, dass kein Winter ewig dauert und dass der Frühling wiederkommen wird: »Nach grüner Farb mein Herz verlangt / in dieser trüben Zeit. / Der grimmig Winter währt so lang, / der Weg ist mir verschneit«, heißt es in einer alten Handschrift. Rot sind die Kerzen und die Bänder, die um den Kranz gewunden sind, und das ist die Farbe der Liebe Gottes. Der Kranz selbst in seiner runden Vollkommenheit ist ein Siegeszeichen über Dunkelheit und Tod.

So zeitlos der Adventskranz auch erscheint, ist er doch in Wirklichkeit einer der jüngsten Bräuche der Weihnachtszeit, jünger noch als der Weihnachtsbaum. Der erste Adventskranz der Welt schmückte am ersten Advent des Jahres 1839 den Betsaal des Rauhen Hauses. Diese Erziehungsanstalt in Horn vor den Toren

Hamburgs war sechs Jahre zuvor von einem jungen Theologen gegründet worden. Johann Hinrich Wichern war erst fünfundzwanzig Jahre alt, als er beschloss, verwahrlosten Kindern zu helfen. Das Elend der Kleinsten zu dieser Zeit war unvorstellbar. Bettelnde Kinder zogen in Scharen durch das Land. Waisen beschafften sich mühsam das Nötigste zum Essen und schliefen im Freien. Andere Kinder wurden von ihren Eltern zum Betteln auf die Straße geschickt, weil die Familie ohne ihre Hilfe nicht überleben konnte. Die einzigen Maßnahmen, mit denen die Obrigkeit versuchte, die Armut in den Griff zu bekommen, waren Strafen oder Einweisungen ins Arbeitshaus.

Johann Hinrich Wichern lernte das Ausmaß der Armut in Hamburgs Elendsvierteln als Lehrer an einer Sonntagsschule kennen. Doch er sah nicht nur Hunger, Trunksucht und Wohnungsnot. Für ihn war seelische Verwahrlosung – das innere Verderben, wie er es nannte – die Ursache des äußeren Verderbens. So sollte der Eintritt in sein Rauhes Haus für die Kinder ein Neuanfang sein wie eine zweite Geburt.

Von Anfang an wurde im Rauhen Haus der Advent als besondere Zeit im Jahreslauf gefeiert. Mittags trafen sich die Kinder und ihre Betreuer zu einer kurzen Andacht, abends kamen sie zu einer Singstunde zusammen, in der sie Adventschoräle und Weihnachtslieder einübten. Wichern suchte nach immer neuen Wegen, um diese Stunden zu gestalten und so der Vorfreude auf Weihnachten Ausdruck zu geben. Die Adventszeit als Weg ins Licht, das war es, was er den Kindern vor Augen führen wollte. Und er hatte die glückliche Eingebung, seine Idee wörtlich zu nehmen. Wie, das notierte er in seinem Tagebuch: »An der Orgel waren 23 bunte Wachslichter aufgestellt. Mit jeder Verheißung wurde eines der Lichter von Bruder Hansen angezündet, so dass zuletzt alle 23 wie ein Strahlenkranz das Lob des Herrn umleuchteten.« Eine Kerze für jeden Tag – vier dicke weiße für die Sonntage, neunzehn kleine rote für die Werktage. Zunächst waren die Kerzen auf einem schmucklosen großen Holzkranz befestigt, der auf den Armen des Kronleuchters im Betsaal ruhte. Jahre später erst bekam der Kranz im Rauhen Haus einen Schmuck aus frischen Tannenzweigen. Da hatte Wicherns Erfindung schon ihren Weg aus dem Norden Deutschlands um die Welt angetreten. Diakone, die er ausgebildet hatte, führten den Brauch an ihren Arbeitsstätten ein, weit über die Grenzen des Landes hinaus. Verkleinert und mit nur vier Kerzen für die Adventssonntage geschmückt, hielt der Kranz vor nicht einmal hundert Jahren auch bei den Familien Einzug. Im Rauhen Haus ist man der von Wichern begründeten Tradition treu geblieben. Bis heute versammeln sich Mitarbeiter und Bewohner um den großen Kranz mit seinen roten und weißen Kerzen und feiern den Advent.

Apfel Rund wie die Erde, rot wie das Blut und süß wie die Liebe: Das ist der Apfel, der König der Früchte und seit jeher Inbegriff der Fruchtbarkeit und des Lebens. Um ihn dreht sich die Welt, von ihm handeln zahllose Geschichten. Von ewiger Jugend erzählen sie und von Schönheit, von Sünde und Verführung und immer wieder von der Liebe und ihrem Zauber. Deshalb lernen die Mädchen schon seit jeher, einen Apfel geschickt zu schälen. Denn wenn seine Schale nicht zerreißt, muss das Mädchen sie nur noch über die rechte Schulter werfen, dann kann es aus den Schlingen die Anfangsbuchstaben des zukünftigen Ehemannes lesen. Schneidet eine den Apfel auf, so verrät er ihr noch mehr. Sie muss seine Kerne in die Handfläche nehmen und gegen die Stirn drücken. Dann bleiben so viele davon haften, wie sie Kinder haben wird, keiner mehr und keiner weniger.

Uralt sind diese Bräuche, uralt sind auch die Märchen und Sagen, in denen der Apfel im Mittelpunkt steht. Nicht wenige warnen, denn wo diese Frucht im Spiel ist, droht oft Gefahr, eine Gefahr, die nur durch die Liebe überwunden werden kann. So ist es auch in der berühmtesten aller Apfelgeschichten, in der berichtet wird, wie die paradiesischen Zustände auf Erden für alle Zeit endeten. »Und das Weib sah, dass von dem Baum gut zu essen wäre und dass er eine Lust für die Augen wäre und verlockend, weil er klug machte. Und sie nahm von der Frucht und aß und gab ihrem Mann, der bei ihr war, auch davon, und er aß.« So wird im Alten Testament von der Versuchung und Verführung der ersten Menschen Adam und Eva erzählt. Ein Bissen soll Adam im Hals stecken geblieben sein, und so erinnert das Wort »Adamsapfel« für immer an den Sündenfall.

Doch halt: Wo ist in dieser Schlüsselgeschichte der Menschheit der Apfel? Er fehlt. Er wird darin nicht ein einziges Mal erwähnt. Im dritten Kapitel des ersten Buchs Mose ist nur von einer Frucht die Rede. Und diese verbotene Frucht wahrt bis heute das Geheimnis ihres wirklichen Namens. Erst lange nachdem die Geschichte von Adam und Eva und der Vertreibung aus dem Paradies niedergeschrieben worden war, und nur durch ein Missverständnis fand der Apfel als Frucht des Sündenfalls seinen Weg an den Baum der Erkenntnis. *Malum* – das ist im Lateinischen, der Sprache der katholischen Kirche, das Wort für Apfel und zugleich für Übel oder Sünde.

So konnte denn auch nur der Apfel an den Bäumen der mittelalterlichen Paradiesspiele hängen, die zur Erbauung und Ermahnung der Gläubigen am Heiligen Abend vor den Kirchen aufgeführt wurden. Mit eigenen Augen konnten die Zuschauer sehen, wie Adam und Eva in Ungnade fielen, das Paradies verlassen mussten und mit einem schweren Erdendasein bestraft wurden und

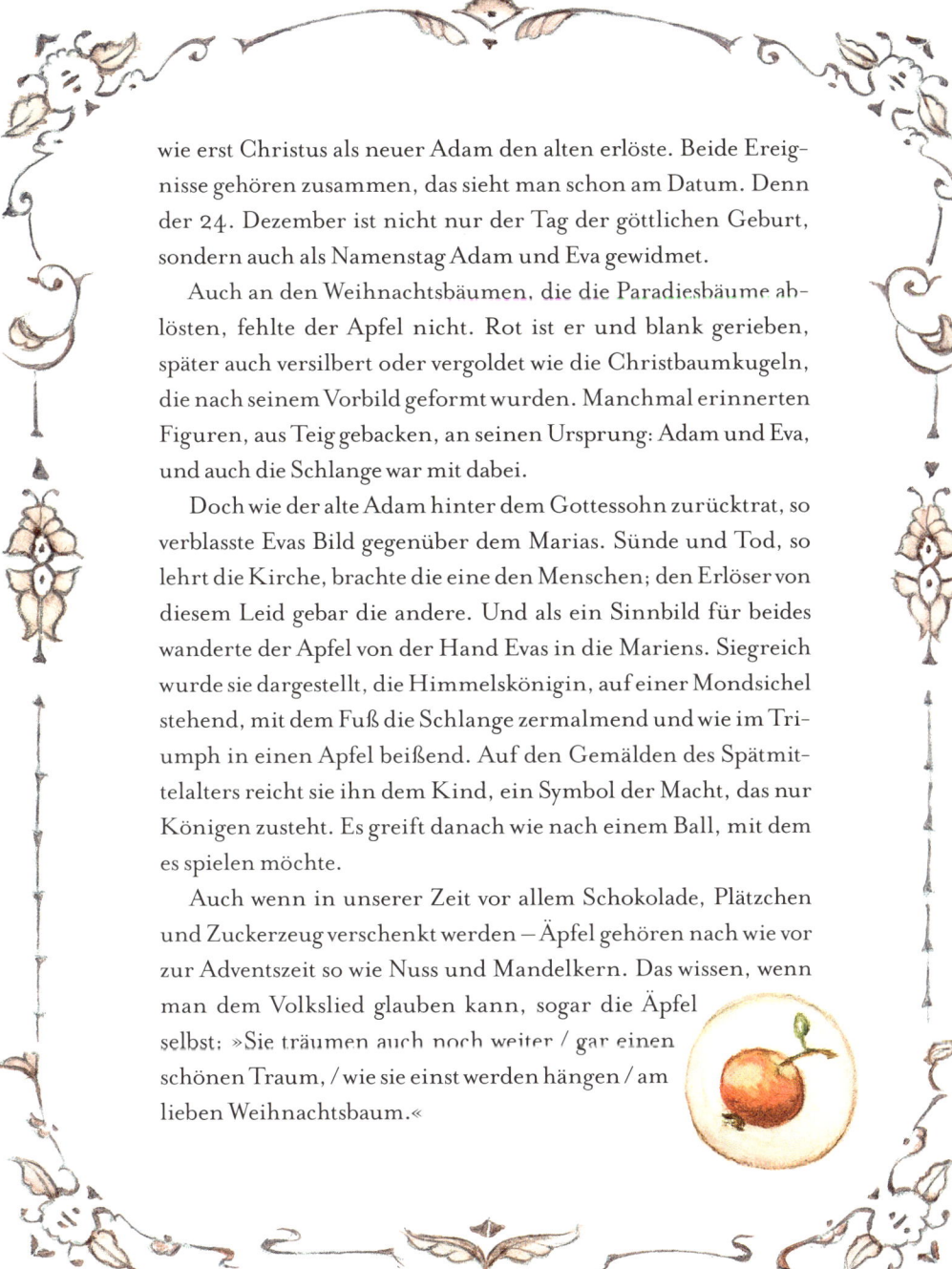

wie erst Christus als neuer Adam den alten erlöste. Beide Ereignisse gehören zusammen, das sieht man schon am Datum. Denn der 24. Dezember ist nicht nur der Tag der göttlichen Geburt, sondern auch als Namenstag Adam und Eva gewidmet.

Auch an den Weihnachtsbäumen, die die Paradiesbäume ablösten, fehlte der Apfel nicht. Rot ist er und blank gerieben, später auch versilbert oder vergoldet wie die Christbaumkugeln, die nach seinem Vorbild geformt wurden. Manchmal erinnerten Figuren, aus Teig gebacken, an seinen Ursprung: Adam und Eva, und auch die Schlange war mit dabei.

Doch wie der alte Adam hinter dem Gottessohn zurücktrat, so verblasste Evas Bild gegenüber dem Marias. Sünde und Tod, so lehrt die Kirche, brachte die eine den Menschen; den Erlöser von diesem Leid gebar die andere. Und als ein Sinnbild für beides wanderte der Apfel von der Hand Evas in die Mariens. Siegreich wurde sie dargestellt, die Himmelskönigin, auf einer Mondsichel stehend, mit dem Fuß die Schlange zermalmend und wie im Triumph in einen Apfel beißend. Auf den Gemälden des Spätmittelalters reicht sie ihn dem Kind, ein Symbol der Macht, das nur Königen zusteht. Es greift danach wie nach einem Ball, mit dem es spielen möchte.

Auch wenn in unserer Zeit vor allem Schokolade, Plätzchen und Zuckerzeug verschenkt werden – Äpfel gehören nach wie vor zur Adventszeit so wie Nuss und Mandelkern. Das wissen, wenn man dem Volkslied glauben kann, sogar die Äpfel selbst: »Sie träumen auch noch weiter / gar einen schönen Traum, / wie sie einst werden hängen / am lieben Weihnachtsbaum.«

Ein Apfel spielte auch am Heiligen Abend des Jahres 1796 die entscheidende Rolle. In der Hand eines jungen Mannes wurde er zum Symbol der Liebe: Auf Schloss Wandsbek bei Hamburg feierten die Grafen Stolberg das Fest mit ihren Familien und Freunden. Matthias Claudius, der Herausgeber des *Wandsbecker Bothen*, war mit seiner Familie zu Gast, der Dichter Friedrich Klopstock und auch Friedrich Perthes, der später den Börsenverein des Deutschen Buchhandels mit gründete. Der junge Buchhändler hatte eine tiefe Zuneigung zu Claudius' Tochter Caroline gefasst. Deshalb war er auch entrüstet, weil an ihrem Platz nur ein paar Nüsse und braune Kuchen lagen, während ihre Schwester ein kostbareres Geschenk bekam. Also trat er schnell zum Weihnachtsbaum, ohne dabei zu bemerken, dass alle innehielten und ihn erstaunt beobachteten: »Oben hängt der schönste vergoldete Apfel! Perthes zerrt [...] einen Sessel an die Wand, klettert auf die überragende Borte der halbhohen Wandtäfelung, [...] reißt den Apfel oben ab, lässt sich von der Borte fallen, tritt glutrot an Mamsell Carolines Teller, legt rasch den Apfel darauf.« Der Apfel von der Spitze des Weihnachtsbaums war ein Verlobungsgeschenk: Schon im folgenden Jahr feierten Caroline Claudius und Friedrich Perthes Hochzeit.

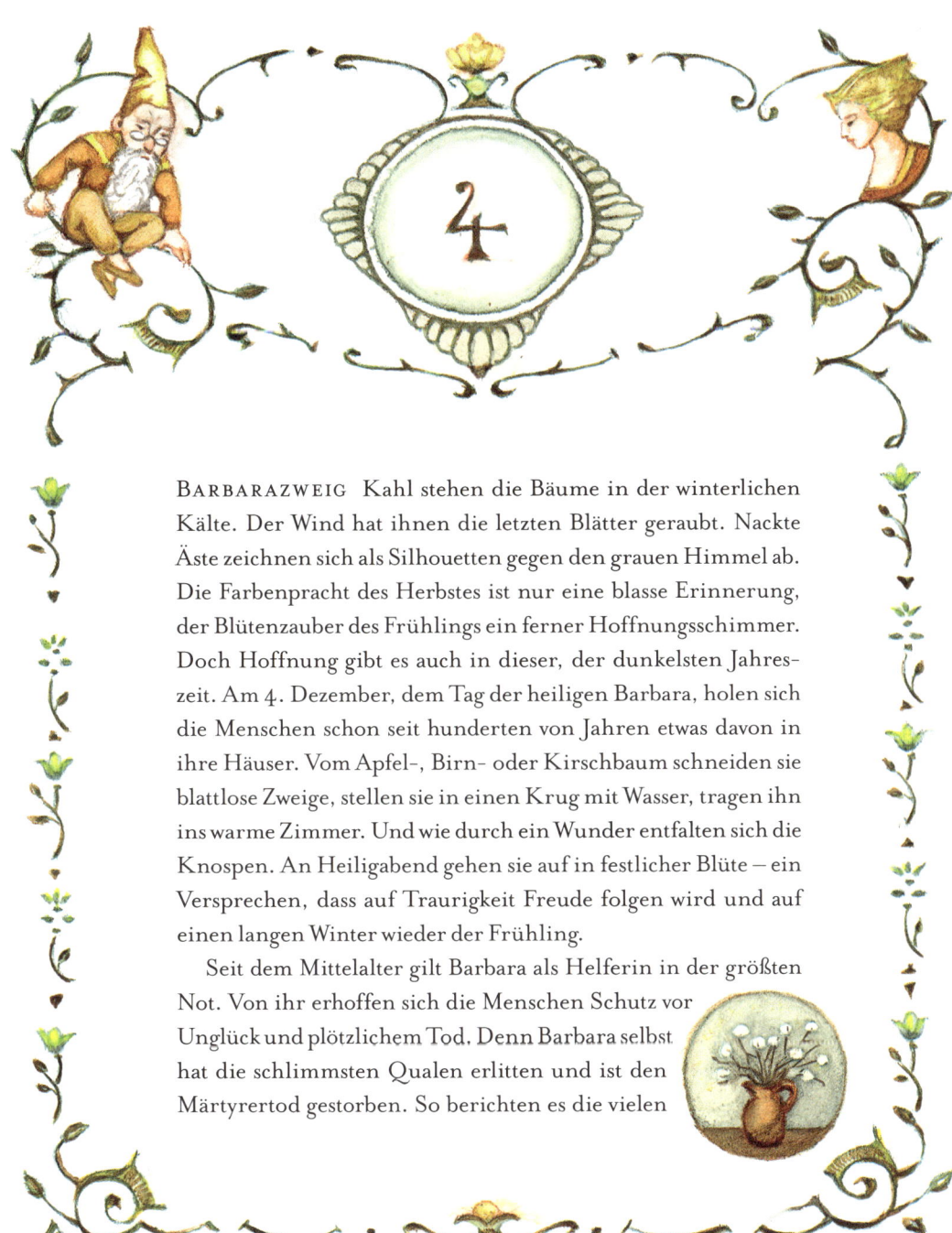

4

BARBARAZWEIG Kahl stehen die Bäume in der winterlichen
Kälte. Der Wind hat ihnen die letzten Blätter geraubt. Nackte
Äste zeichnen sich als Silhouetten gegen den grauen Himmel ab.
Die Farbenpracht des Herbstes ist nur eine blasse Erinnerung,
der Blütenzauber des Frühlings ein ferner Hoffnungsschimmer.
Doch Hoffnung gibt es auch in dieser, der dunkelsten Jahres-
zeit. Am 4. Dezember, dem Tag der heiligen Barbara, holen sich
die Menschen schon seit hunderten von Jahren etwas davon in
ihre Häuser. Vom Apfel-, Birn- oder Kirschbaum schneiden sie
blattlose Zweige, stellen sie in einen Krug mit Wasser, tragen ihn
ins warme Zimmer. Und wie durch ein Wunder entfalten sich die
Knospen. An Heiligabend gehen sie auf in festlicher Blüte – ein
Versprechen, dass auf Traurigkeit Freude folgen wird und auf
einen langen Winter wieder der Frühling.

Seit dem Mittelalter gilt Barbara als Helferin in der größten
Not. Von ihr erhoffen sich die Menschen Schutz vor
Unglück und plötzlichem Tod. Denn Barbara selbst
hat die schlimmsten Qualen erlitten und ist den
Märtyrertod gestorben. So berichten es die vielen

Legenden, die sich um ihre Person ranken. Dass auch nur eine davon wahr ist, ja, dass Barbara überhaupt gelebt hat, gilt als unwahrscheinlich. Doch noch heute ist ihre Gestalt in den Köpfen der Menschen lebendig.

Schön soll sie gewesen sein und klug. Sie lebte im 3. Jahrhundert, vielleicht in Nikomedia im nördlichen Kleinasien. Barbaras Vater war ein reicher Kaufmann namens Dioscorus. Er liebte seine einzige Tochter über alles. Doch er war auch misstrauisch. Weil er nicht wollte, dass Barbara sich einen Gatten unter ihrem Stand wählte, ließ er einen Turm errichten und sperrte die junge Frau, wenn er auf Reisen ging, dort ein.

In ihrer Einsamkeit begann Barbara, über die Welt und den christlichen Gott als deren Schöpfer nachzudenken. Gefährliche Gedanken in einer Zeit, in der die Christen im Römischen Reich verfolgt wurden. »Von der Zeit an, da ich denken konnte, habe ich von ganzem Herzen begehrt, zu der Erkenntnis des wahren Gottes zu gelangen.« So schrieb Barbara an den Gelehrten Origines, und er schickte ihr als Antwort den Priester Valentinus. Von ihm empfing sie in ihrem Bad die Taufe.

Als der Vater von einer Reise zurückkehrte, da hatte Barbara den zwei Fenstern in ihrem Bad ein drittes hinzufügen lassen, als Zeichen der Dreifaltigkeit. Und in den frischen Putz hatte sie mit ihrer Hand ein Kreuz gedrückt. Als er das sah, geriet Dioscorus in rasende Wut und lieferte sie an den römischen Statthalter Marcianus aus. Der warf die junge Frau in den Kerker und ließ sie geißeln, doch sie rückte nicht ab von ihrem Glauben. Und so wurde sie zum Tode verurteilt. Dioscorus selbst vollstreckte das Urteil und schlug

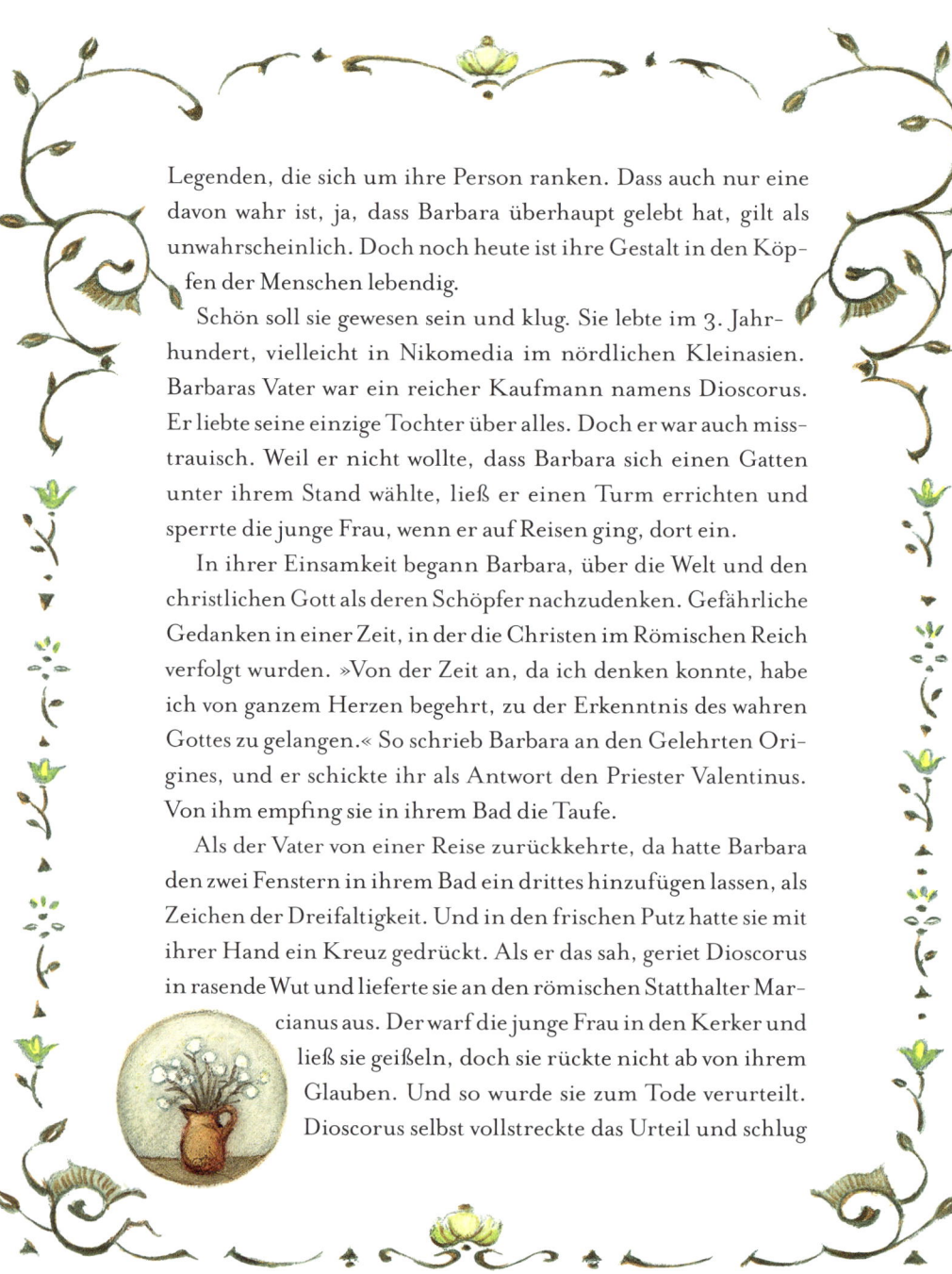

seiner Tochter mit dem Schwert den Kopf ab. Doch kaum war die schreckliche Tat vollbracht, fuhr ein Blitz vom Himmel herab und traf ihn. Barbara aber, so endet die Legende, sprach in den letzten Sekunden ihres Lebens ein Gebet. Und eine Stimme aus den Wolken soll ihr versprochen haben, dass kein Mensch, der sie anrufe, ohne den Empfang der Sterbesakramente würde aus dem Leben scheiden müssen. So soll es geschehen sein an einem 4. Dezember.

Schon bald, nachdem sich dieses Ereignis zugetragen haben soll, war es in aller Munde. Die Menschen glaubten fest an die heilige Barbara und richteten täglich Gebete an sie. »Sankt Bärbel, die vermag zu stärken; denn wer in ihren Diensten steht, nie ohne Sakrament von hinnen geht.« Dessen waren sich die Gläubigen sicher. Hunger, Kälte, Seuchen und Kriege – die Menschen im Mittelalter lebten in ständiger Angst vor derartigen Heimsuchungen. Kein Wunder also, dass Barbara zu einer wichtigen Schutzpatronin wurde. Bei Gewitter und Sturm, weil ihr Vater vom Blitz erschlagen worden war. Für Kranke und Sterbende. Aber auch für die Artilleristen, die Feuerwehr- und Seemänner und besonders die Bergleute, die in ihrem gefahrvollen Beruf einen plötzlichen Tod stets fürchten müssen. »Gegen Wasser, die da wollen / überfluten Schacht und Stollen, / gegen Sturz der Bergeswände, / gegen Feuersfluten sende / Rettung uns aus deinen Händen.« In vielen Liedern bitten die Bergleute um Barbaras Schutz. Und am Namenstag der Heiligen nehmen die Kumpel eine Kerze mit unter Tage. Das Barbaralicht verheißt ihnen mit seiner Flamme »Glück auf!«.

Doch was haben die Zweige mit der heiligen Barbara zu tun? Auf dem Weg zum Gefängnis, so heißt es, habe sich in ihrem Kleid ein Kirschzweig verfangen. Sie nahm ihn mit und benetzte ihn in ihrer Zelle mit Wasser aus ihrer Trinkschale. Am Tag ihres Todes soll er dann geblüht und Barbara in ihren letzten Stunden Trost gespendet haben. Nach einer anderen Überlieferung blühten die verdorrten Blumen auf Barbaras Grab genau am 24. Dezember wieder auf.

Im Laufe der Jahrhunderte hat sich diese Legende mit Bräuchen verbunden, die viel älter sind. So wurden die Zweige zum Orakel: Je nachdem, ob die Knospen erblühen oder vertrocknen, soll es Glück oder Unglück geben. Vielerorts glaubt man, dass ihre Blüte eine Hochzeit ankündigt. Und die jungen Mädchen lassen sich einiges einfallen, um herauszufinden, wer der Richtige ist. Manche hängen an die Barbarazweige kleine Zettel, auf die sie die Namen ihrer Verehrer geschrieben haben. Ungeduldig eilen sie jeden Morgen im Advent zu der Vase. An welchem Zweig werden sich die Knospen zuerst öffnen? Der verrät den Namen des künftigen Ehemannes.

Ähnliche Wünsche verknüpft das Mädchen in dem folgenden Gedicht mit den Barbarazweigen: »Am Barbaratage holt' ich / Drei Zweiglein vom Kirschenbaum, / Die setzt' ich in eine Schale, / Drei Wünsche sprach ich im Traum: / Der erste, dass einer mich werbe, / Der zweite, dass er noch jung, / Der dritte, dass er auch habe / Des Geldes wohl genung. / Weihnachten vor der Mette / Zwei Stöcklein nur blühten zur Frist: – / Ich weiß einen armen Gesellen, / Den nähm' ich, wie er ist.«

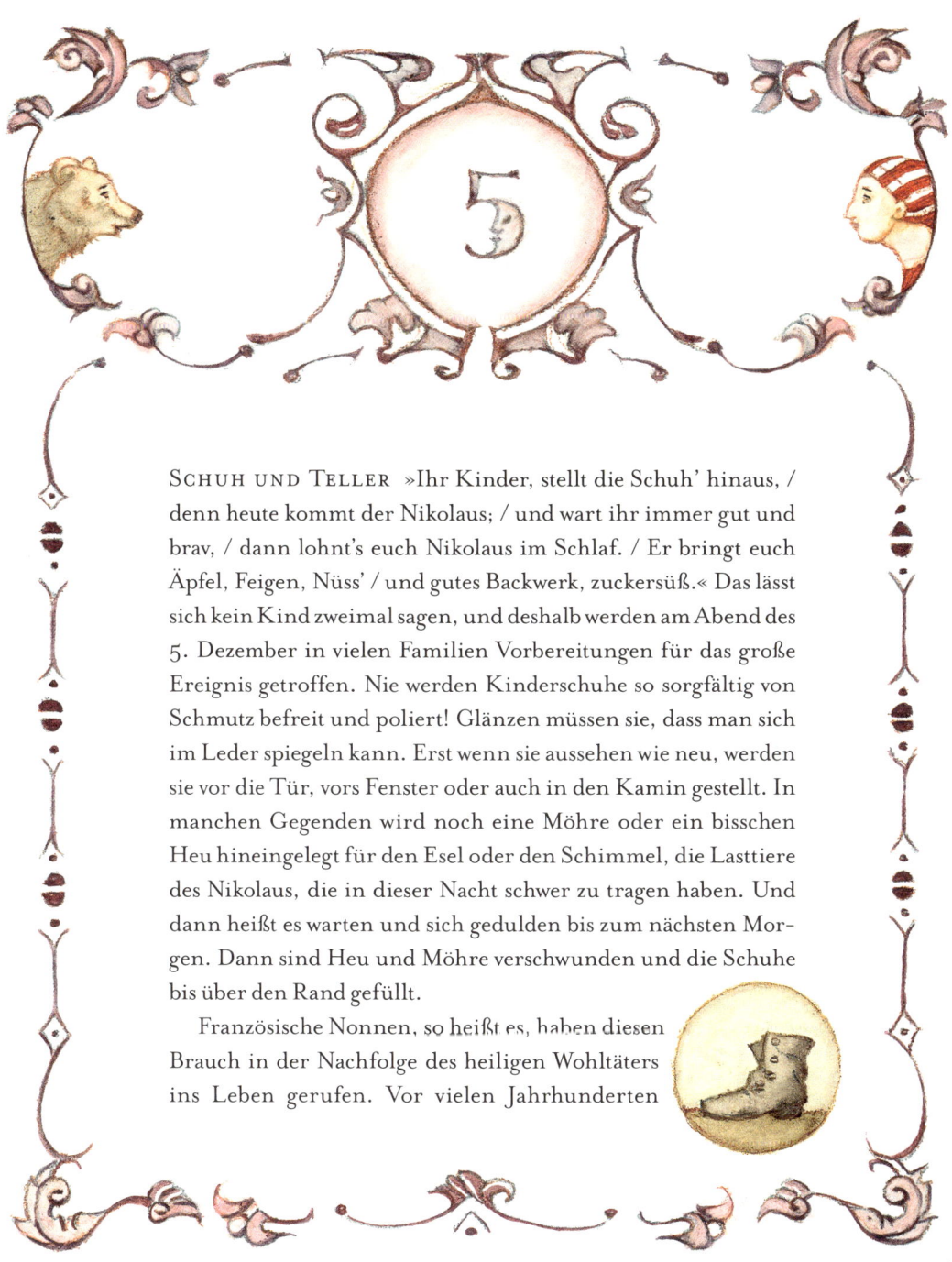

SCHUH UND TELLER »Ihr Kinder, stellt die Schuh' hinaus, / denn heute kommt der Nikolaus; / und wart ihr immer gut und brav, / dann lohnt's euch Nikolaus im Schlaf. / Er bringt euch Äpfel, Feigen, Nüss' / und gutes Backwerk, zuckersüß.« Das lässt sich kein Kind zweimal sagen, und deshalb werden am Abend des 5. Dezember in vielen Familien Vorbereitungen für das große Ereignis getroffen. Nie werden Kinderschuhe so sorgfältig von Schmutz befreit und poliert! Glänzen müssen sie, dass man sich im Leder spiegeln kann. Erst wenn sie aussehen wie neu, werden sie vor die Tür, vors Fenster oder auch in den Kamin gestellt. In manchen Gegenden wird noch eine Möhre oder ein bisschen Heu hineingelegt für den Esel oder den Schimmel, die Lasttiere des Nikolaus, die in dieser Nacht schwer zu tragen haben. Und dann heißt es warten und sich gedulden bis zum nächsten Morgen. Dann sind Heu und Möhre verschwunden und die Schuhe bis über den Rand gefüllt.

Französische Nonnen, so heißt es, haben diesen Brauch in der Nachfolge des heiligen Wohltäters ins Leben gerufen. Vor vielen Jahrhunderten begannen sie damit, arme Familien mit Strümpfen zu beschenken, die mit Nüssen gefüllt waren. Damit erinnerten sie an die Legende, nach der Bischof Nikolaus drei armen Mädchen zu einer Mitgift verhalf, indem er ihnen nachts unerkannt Goldklumpen durch den Kamin warf. Daran waren die Strümpfe der Mädchen zum Trocknen aufgehängt, und in ihnen verfing sich das Gold. Weil auch die Nonnen ihre Gaben heimlich brachten, schrieb man sie schnell dem Heiligen selbst zu. So zieht er seitdem in der Nacht zu seinem Geburtstag von Haus zu Haus und beschenkt die Kinder.

Dass er Apfel, Nuss und Mandelkern ausgerechnet in Schuhe füllte, mag daran liegen, dass diese ein wertvolles Kleidungsstück waren. Besonders Lederschuhe waren viele Jahrhunderte lang sehr kostbar und daher ein würdiger Behälter für schöne Geschenke. Allerdings haben die kleinen Schuhe der Kinder einen großen Nachteil: Selbst in einen Stiefel passt nicht viel hinein. Ein paar Nüsse zuunterst, ein Apfel, eine Mandarine darauf – dann ist nur noch Platz für ein paar selbstgebackene Plätzchen und ein wenig Schokolade. Da kommt man, wenn man pfiffig ist, auf Ideen, so wie es in einem Frankfurter Kinderreim beschrieben wird: »Herr Nikolas, Herr Nikolas, / bring mir zum sechsten Dezember was! / Ich stell des Vaters Schuh vors Fenster. / Den meinen fand ich viel zu klein. / Gelt, Nikolas, du tust was rein?« Das einfallsreiche Kind kann nur hoffen, dass ihm der Nikolaus nicht grollt, denn sonst findet es am Morgen statt der erhofften Süßigkeiten und Geschenke eine Rute im Schuh, wie alle, die nicht brav waren.

Doch für das Problem des Platzmangels fand sich

noch eine bessere Lösung. Eine, die so beliebt ist, dass sie sogar im Volkslied besungen wird. »Dann stell ich den Teller auf, / Niklaus legt gewiss was drauf.« Der bunte Teller: Nicht nur zu Nikolaus, sondern auch am Weihnachtsabend wird er für die Kinder mit süßen Gaben gefüllt. Dieser Brauch entwickelte sich im 19. Jahrhundert, als die Weihnachtsbäume nicht mehr mit Äpfeln, Nüssen und Plätzchen, sondern mit Kugeln geschmückt wurden. Die Süßigkeiten aber wurden auf Teller gelegt und unter den Baum gestellt. Zunächst bestanden diese Teller aus wertvollem Porzellan und waren mit goldener Schrift verziert – Familienerbstücke oder edle Weihnachtsgaben vornehmer Firmen. Bis der junge Buchbinder Hermann Henschel im brandenburgischen Luckenwalde auf die Idee kam, Teller aus Pappe herzustellen, anfangs als Würstchenbehälter für Volksfeste und Butterverpackung für Lebensmittelhändler. Sobald sie aber ihren Platz unter den Weihnachtsbäumen gefunden hatten, waren sie von dort nicht mehr wegzudenken. Jedes Mitglied der Familie bekam einen eigenen Teller, jeder mit einem anderen Motiv: Die Pappteller waren bunt geworden, erzählten von Winterfreuden und Weihnachtsmärkten, Glockenklang und Engelsgesang. Sehr sorgfältig füllten die Eltern die Teller für die Kinder, damit keines sich benachteiligt fühlte und jedes seine Lieblingsleckerei auf ihm fand – das eine ein Marzipanbrot, ein anderes vielleicht ein Päckchen getrockneter Datteln. Bis in die sechziger Jahre des letzten Jahrhunderts hinein waren das Kostbarkeiten, die für die Kinder nur zu Weihnachten erreichbar waren. Wie gut oder schlecht eine Zeit ist, das lässt sich an solchen Gaben ablesen.

Und wenn es fast gar nichts mehr gibt, dann freut man sich über alles, was auf dem Teller liegt. Selbst wenn es Kohlen sind, wie Josef Reding in seiner Geschichte *Vaters schwarzer Weihnachtsteller* erzählt: In einem Jahr, in dem wie so viele Menschen auch der Vater des Ich-Erzählers arbeitslos ist, da reicht es nicht einmal zu einem Weihnachtsbaum. Doch unter den paar Zweigen, die an seiner Stelle mit Kugeln geschmückt sind, stehen wie immer drei Teller. Die Mutter findet auf ihrem ein paar gestrickte Handschuhe. Auf dem zweiten liegen Pfeffernüsse und ein kleiner Stutenkerl. Der dritte aber ist mit Kohlen gefüllt. »Für Vater«, steht auf dem Zettel, der zwischen ihnen hervorlugt. »Auf dem Pfeffernuss-Teller steht mein Name. Ich frohlocke. Ich hätte ebenso gut den Kohlenteller abbekommen können. Aber Vater muss in diesem Jahr noch ungehorsamer gewesen sein als ich. Das hat er nun davon: Kohle.« Doch der Vater ist darüber gar nicht unglücklich. Und dem Jungen erscheinen seine paar Pfeffernüsse dagegen geradezu üppig. Als dann der Vater die Kohlen verfeuert und es im Zimmer wärmer wird, da teilt er sein Gebäck mit den Eltern und freut sich an dem friedlichen, behaglichen Fest.

Wenn der Nikolaus heute Kohlen auf den bunten Teller legt oder in den Schuh steckt, dann ist das allerdings kein Grund zur Freude. Es zeigt den Kindern ebenso wie die Rute, dass sie nicht brav genug waren. Doch glücklicherweise hat der heilige Mann meist ein Einsehen. Nach dem ersten Schreck findet das Kind doch noch einen anderen Teller oder Schuh – einen, der bis oben hin mit Süßigkeiten und kleinen Geschenken gefüllt ist.

NIKOLAUS Es dunkelt früh an diesen ersten Dezembertagen. Kaum ein Kind ist auf der Straße anzutreffen, wenn der Abend des 5. Dezember kommt. Sie sind zuhause und bereiten sich auf den hohen Besuch vor, der in der Nacht erwartet wird: Schuhe und Stiefel werden blank geputzt und vor die Tür gestellt. So spät wie möglich gehen sie zu Bett, aufgeregt wie alle Kinder seit vielen Jahrhunderten.

Wer kann denn heute schlafen? Poltert es nicht vor der Tür? Ist nicht ein Rascheln zu hören, ein Knistern? Etwas rollt über den Fußboden. Ein Apfel? Eine Nuss? Wer entfernt sich da mit schweren Schritten? Da muss man unbedingt einmal nachschauen, ob er schon da war! Nein, nichts! Nur nicht einschlafen! Doch sosehr sich die Kinder auch bemühen, wach zu bleiben, immer nutzt der erwartete Gast die kurze Zeit, in der ihnen doch die Augen zugefallen sind. Am nächsten Morgen aber stürzen sie noch im Schlafgewand zur Tür. Und wie jedes Jahr am 6. Dezember ist das kleine Wunder geschehen: Die Schuhe sind gefüllt mit Süßigkeiten, Obst und Geschenken. Der Nikolaus war da!

Zu manchen Kindern kommt er jedoch nicht heimlich in der Nacht; sie besucht er in den späten Nachmittagsstunden persönlich. Mal trägt er dabei sein ehrfurchtgebietendes Bischofsgewand, mal sieht er im roten Kapuzenmantel dem Weihnachtsmann zum Verwechseln ähnlich. Oft wird er auch von seinem Knecht begleitet, einer dunklen, mit den Kobolden der nordischen Sagenwelt verwandten Figur, die vielerorts als Hans Muff oder Knecht Ruprecht bekannt ist. Und während der Nikolaus Geschenke bringt, droht sein Begleiter mit der Rute, damit die Kinder sich ein bisschen fürchten.

Niemand kann sagen, woher sie kommen, der Nikolaus und sein Diener. Aus dem hohen Norden? Aus dem tiefsten aller Wälder? Nur die holländischen Kinder wissen es genau. Ihr Sinterklaas lebt das Jahr über mit seinem Knecht, dem Zwarte Piet (Schwarzer Peter), in Spanien. Schon Anfang November gehen die beiden an Bord eines Schiffes und legen zwei Wochen später jedes Jahr in einer anderen niederländischen Hafenstadt an. Dort werden sie vom Bürgermeister und einer Abordnung der Bürgerschaft mit allen Ehren empfangen. Das ist der Beginn einer festlichen Zeit voll fröhlicher Geschäftigkeit. Überall im Land hinterlassen der alte Bischof und sein Diener ihre Spuren. Sie reiten mit ihrem Schimmel über Hausdächer, werfen Süßigkeiten durch die Kamine oder bringen Körbe mit Geschenken. In Schulen, Krankenhäusern und Familien sind sie willkommene Gäste. Derweil bereiten sich die Holländer auf den Höhepunkt der Festlichkeiten vor. Geschenke werden gekauft, phantasievoll verpackt und so versteckt, dass der Beschenkte sie lange suchen muss.

Zu jedem Geschenk wird ein Reim verfasst, der dem Beschenkten einen Spiegel vorhält, lustig und augenzwinkernd. Am Abend des 5. Dezember ist es endlich so weit. Dann wird gemeinsam gegessen und getrunken; die Päckchen werden ausgepackt und die Gedichte vorgelesen, und jeder bedankt sich mit dem lauten Ausruf »Danke schön, lieber Nikolaus!« beim Gabenbringer persönlich.

Der Vater all dieser Bräuche ist Sankt Nikolaus, der Kinderfreund, geliebt und geehrt in aller Welt, den Aposteln gleichgestellt und höher geschätzt als jeder andere Heilige. »Wenn Gott stirbt, dann wählen wir den heiligen Nikolaus zu seinem Nachfolger«, sagt man in Bulgarien. Ein Scherzwort, doch drückt es das Vertrauen aus, das man dem Bischof von Myra entgegenbringt. Dabei ist nicht einmal sicher, ob es diesen Bischof überhaupt gegeben hat. So geheimnisvoll der Nikolaus in der Vorweihnachtszeit aus der Dunkelheit auftaucht, so rätselhaft ist sein Erscheinen in der christlichen Welt vor tausendsiebenhundert Jahren. Weder sein Geburtsjahr – irgendwann zwischen 270 und 286 – noch sein Sterbejahr ist genau bekannt. Nur eines scheint über jeden Zweifel erhaben: Der Tag, an dem er diese Welt verließ, war ein 6. Dezember. Vielleicht des Jahres 326, vielleicht auch später. Beweise gibt es für all dies nicht und auch nicht dagegen. Der Bischof von Myra hat keine sicheren Spuren seines Lebens in den Geschichtsbüchern hinterlassen.

In den Herzen der Menschen aber wurde die Erinnerung an einen großen Mann bewahrt, der Wunder getan und Güte in die Welt gebracht hat. Schon bald entstanden immer neue Legenden um ihn und gingen von Mund zu Mund. Man sieht die Menschen vor sich, wie sie ihnen lauschen, atemlos, denn was da erzählt wird, das verstehen sie, das ist ihr Alltag, es sind ihre Sorgen, die ihnen das Leben schwer machen: Eine Hungersnot etwa – wer hat sie damals nicht schon am eigenen Leib erlebt oder zumindest davon gehört, nicht nur in Kleinasien, wo oftmals die Sonne die Ernte verbrannte, bevor sie eingebracht war?

Ein Schiff soll unterwegs gewesen sein, beladen mit Getreide, und wirklich ging es im Hafen von Myra vor Anker. Doch das Korn war für den Kaiser von Byzanz bestimmt, und die Seeleute fürchteten zu Recht, dass sie bestraft werden würden, wenn ein Teil der Ladung fehlte. Da übernahm Bischof Nikolaus die Verhandlungen. »Sorgt euch nicht«, soll er gerufen haben, »euch wird kein Schaden geschehen!« So kraftvoll war seine Stimme, so eindringlich waren seine Worte, dass die Seeleute auf ihn hörten und einen Teil ihrer Ladung in Myra ließen. Als sie später in der Hauptstadt ankamen, stellten sie fest, dass tatsächlich kein Gramm fehlte. In Myra aber reichte das Wenige, das abgezweigt worden war, zwei volle Jahre lang, und es machte nicht nur die Menschen satt, sondern ein kleiner Teil davon konnte auch noch ausgesät werden.

»Halt!«, mischt sich da vielleicht ein Zuhörer ein, der die Geschichte anders gehört hat. »Piraten hatten das Schiff gekapert und forderten die Kinder der Stadt als Sklaven im Tausch gegen das Getreide. Der Bischof überließ ihnen stattdessen den ganzen Kirchenschatz, um der Hungersnot ein Ende zu machen und die Kinder zu retten. Auf einem stinkenden Fischkarren schleppte er alles

persönlich heran — goldene Kelche und Leuchter und Kreuze mit Edelsteinen!« Die Zuhörer murmeln. Sie staunen auch über dieses Wunder, das ebenso zum heiligen Nikolaus passt. Denn der war großzügig wie kein anderer, schon als er noch jung und reich war durch das Erbe seiner Eltern.

Da gab es doch diesen Mann in Myra, der verarmt war und drei Töchter hatte. Schön waren sie und unbescholten, aber das reichte nicht, um einen Mann zu finden, wenn nicht einmal eine von ihnen die standesgemäße Mitgift aufbringen konnte. So beschloss der Vater, ihre Schönheit zu Geld zu machen und sie als Huren anzubieten. Das Gerücht kam Nikolaus zu Ohren, und er handelte sofort. Dreimal ging er unerkannt im Dunkel der Nacht zum Haus der Familie und warf jedes Mal einen Goldklumpen durch den Kamin — für jede der drei Jungfrauen einen. Beim dritten Mal entdeckte ihn der Vater, fiel vor ihm auf die Knie und dankte ihm für die Errettung der Jungfrauen und wohl auch für seine eigene, denn es war ihn hart angekommen, seine Töchter zu opfern. Wer das nicht glauben wollte, der konnte es sehen — auf den Bildern vom heiligen Nikolaus, auf denen er mit einem Buch dargestellt ist und mit drei goldenen Klumpen, eben jenen, die er durch den Kamin geworfen haben soll.

Überall erzählt man sich diese Geschichten voller Ehrfurcht und Bewunderung, benennt seine Kinder nach ihm, baut Kirchen in seinem Namen, stellt Städte unter seinen Schutz. Es sind Geschichten von kleinen Leuten in großen Nöten: Schiffer, deren Boot in Seenot geriet, Arme und Alte, Eltern, deren Kinder krank wurden oder verunglückten. Allen half Sankt Nikolaus, und so wurde er von allen verehrt. Im Mittelalter war er einer der Nothelfer.

Vor allem aber dürfen sich die Kinder vom heiligen Nikolaus beschützt wissen. Ihrer hat er sich besonders angenommen, und an ihnen hat er sein berühmtestes Wunder vollbracht, die Wiedererweckung von drei Schülern, die ein grausamer Wirt aus Habgier getötet und in ein Salzfass gesteckt hatte. Sieben Jahre gingen ins Land, bis der heilige Nikolaus den Wirt aufsuchte und der Tat überführte. Die Kinder aber weckte er sanft auf. Ein altes Lothringer Lied erzählt diese schlimme Geschichte bis zu ihrem guten Ende: »»Ihr Kinder, die ich schlafen seh', / Ich bin der heilige Nikolaus.‹ / Er hob drei Finger in die Höh', / Da kamen alle drei heraus. / Das erste sagt': ›Ich schlief so tief!‹ / Das zweite dann: ›Und ich so süß!‹ / Das dritte, allerkleinste rief: / ›Ich dacht', ich sei im Paradies!‹«

Sankt Nikolaus, der Gabenbringer und Kinderfreund – um dieser Eigenschaften willen wurde der Nikolaus schon früh mit dem schönsten Kinderfest des Jahres gefeiert. Seit der Zeit Kaiserin Theophanus im 10. Jahrhundert wurden die Kinder am Nikolaustag beschenkt, bis im Zuge der Reformation die Heiligenverehrung in den Hintergrund trat und die Bescherung auf den Weihnachtsabend verlegt wurde. Doch einen Brauch, der im Mittelpunkt jeder Kindheit lebt, kann man nicht einfach abschaffen. Selbst Martin Luther beschenkte seine Kinder noch 1535 am Nikolaustag. Das zeigt ein Eintrag in seinem Haushaltsbuch. Auch als in weiten Teilen des Landes das Christkind als Gabenbringer immer beliebter wurde, blieb der große Alte als Bischof

oder, in gewandelter Gestalt, als Weihnachtsmann die Galions-
figur der Winterzeit, so wie ihn die Maler der Romantik Mitte des
19. Jahrhunderts zum ersten Mal abbildeten: eine Figur mit Kapuzenmantel, langem weißem Bart und einem Kerzenbäumchen
auf dem Arm, ein wenig ähnlich dem gemütlichen Santa Claus
mit Rauschebart, dem amerikanischen Weihnachtsmann.

Seit einigen Jahren scheint es so, als könnte er seine Zeit kaum
abwarten. Überall ist er in der Vorweihnachtszeit zu sehen, auf
allen Straßen, in allen Geschäften. Dabei ist er so beliebig und
so austauschbar geworden, dass das Besondere an ihm im vor-
weihnachtlichen Rummel verlorenzugehen droht. Doch ganz
gleich, wie vielen Weihnachtsmännern die Kinder auf den Märk-
ten und vor den Kaufhäusern die Hand geschüttelt haben, ganz
gleich, wie viele in rot-goldenes Stanniolpapier eingewickelte
Schokoladenfiguren sie geschenkt bekommen haben: Einmal
im Jahr, an seinem Tag, kommt er zu ihnen ins Haus. Geheimnisvoll taucht er aus der Dunkelheit auf, bringt seine Gaben und
verschwindet. Und wie in jedem Winter geschieht das Wunder:
Zwischen Warten und Lauschen stellt sich bei jedem Kind eine
Freude ein, an die es sich sein ganzes Leben lang erinnern wird.

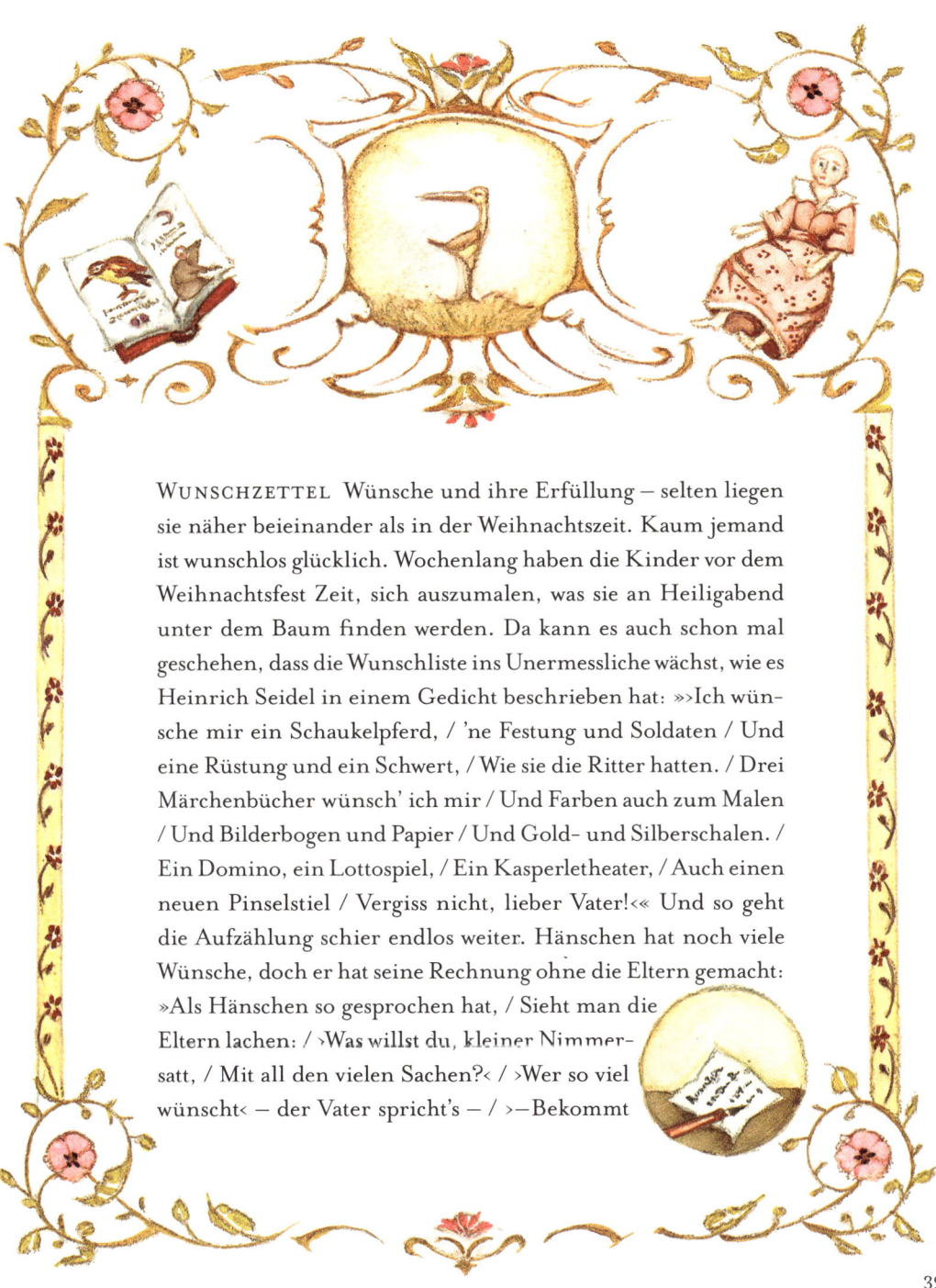

WUNSCHZETTEL Wünsche und ihre Erfüllung – selten liegen sie näher beieinander als in der Weihnachtszeit. Kaum jemand ist wunschlos glücklich. Wochenlang haben die Kinder vor dem Weihnachtsfest Zeit, sich auszumalen, was sie an Heiligabend unter dem Baum finden werden. Da kann es auch schon mal geschehen, dass die Wunschliste ins Unermessliche wächst, wie es Heinrich Seidel in einem Gedicht beschrieben hat: »Ich wünsche mir ein Schaukelpferd, / 'ne Festung und Soldaten / Und eine Rüstung und ein Schwert, / Wie sie die Ritter hatten. / Drei Märchenbücher wünsch' ich mir / Und Farben auch zum Malen / Und Bilderbogen und Papier / Und Gold- und Silberschalen. / Ein Domino, ein Lottospiel, / Ein Kasperletheater, / Auch einen neuen Pinselstiel / Vergiss nicht, lieber Vater!«« Und so geht die Aufzählung schier endlos weiter. Hänschen hat noch viele Wünsche, doch er hat seine Rechnung ohne die Eltern gemacht: »Als Hänschen so gesprochen hat, / Sieht man die Eltern lachen: / ›Was willst du, kleiner Nimmersatt, / Mit all den vielen Sachen?‹ / ›Wer so viel wünscht‹ – der Vater spricht's – / ›—Bekommt

auch nicht ein Achtel — / Der kriegt ein ganz klein wenig Nichts /
In einer Dreierschachtel!‹«

Vielleicht war es ein Fehler, dass Hänschen den Eltern seine
Wünsche direkt mitgeteilt hat. Klüger war da eine unbekannte
kleine Schreiberin, die dem Christkind in ihrem Brief berich-
tete, alle Verwandten hätten sie nach ihren Weihnachtswünschen
gefragt: »Ich habe denen aber nichts gesagt, das ist schließlich
eine Sache zwischen Dir und mir.« Millionen von Wunschzetteln
finden jedes Jahr ihren Weg zu Christkind oder Weihnachtsmann.

Die Sitte, dass die Kinder ihre Wünsche aufschreiben, kam im
Biedermeier auf. In ordentlicher Handschrift sind diese Listen
bis heute verfasst, ergänzt durch bunte Bilder oder ein Gedicht.
An einem Abend irgendwann Anfang Dezember legt das Kind
den Brief auf die Fensterbank und stellt ein Glas Milch daneben
und auch ein paar Plätzchen, damit die Himmelsboten sich auf
ihrer langen Reise um die Welt stärken können. Am nächsten
Morgen ist das Blatt fort. Nur eine Feder liegt an seiner Stelle
als einziger Beweis für den nächtlichen Besuch. Mittlerweile
erreichen das Christkind und den Weihnachtsmann immer
mehr Briefe auf dem Postweg. Sie sind adressiert an Orte wie
Engelskirchen oder Himmelstadt in Deutschland, gehen aber
auch nach Skandinavien, Kanada, in die USA und an den Nordpol. Jeder einzelne Absender erhält eine Antwort, versehen mit
einer weihnachtlichen Briefmarke oder einem
festlichen Stempel.

So maßlos wie die Liste des kleinen Hänschen Nimmersatt ist kaum einer dieser Wunsch-

briefe. Häufig schlicht, manchmal sehr bewegend sind diese Wünsche. In einer Zeit, in der auch hierzulande viele Familien unter Armut leiden, haben verschiedene Institutionen damit begonnen, im Advent an öffentlichen Orten Wunschbäume aufzurichten. Daran dürfen Waisen oder Kinder aus notleidenden Familien ihre Wunschzettel befestigen. Und wer dem Weihnachtsmann ein wenig helfen will, der erfüllt den einen oder anderen Wunsch. »Ein Teddy«, ist auf einem Blatt zu lesen. »Eine Puppe«, auf einem anderen. »Einen Fußball« wünscht sich ein Junge, »weil ich später ein Profi sein möchte«. Ein anderer bittet um eine Schultasche. Doch ebenso oft sind Wünsche ganz anderer Art auf den Zetteln zu lesen. Nach einer weißen Weihnacht etwa. Nach Gesundheit für die Großeltern. Oder danach, »dass sich in unserer Familie alle liebhaben«.

Oft sind es nicht Dinge, die man kaufen kann, oft sind es Dinge des Herzens. Und manchmal bewirkt ein Brief an den Weihnachtsmann ein kleines Wunder, und gerade solche Wünsche werden erfüllt. Von so einem Wunder erzählt Fulton Dursler in einer Geschichte, die in England spielt. Dort lebte ein Mann namens Fred Armstrong. Er wohnte mit seiner Frau, seiner kleinen Tochter Marian und seinem Söhnchen in einem alten Haus und arbeitete im Postamt, wo er die falsch oder unleserlich adressierten Sendungen bearbeitete. Jeden Abend zündete er sich eine Pfeife an und erzählte den Kindern von seinem Tag. Fred Armstrong war zufrieden, ja, man könnte ihn einen glücklichen Menschen nennen. Bis zu dem Morgen, als sein Sohn plötzlich krank wurde und kurz darauf starb. Von dem Tag an war auch Fred Armstrongs Seele wie erstorben. Er redete kein Wort mehr, saß beim Abendbrot wie ein steinerner Gast am Tisch und ging früh zu Bett. Doch nachts lag er mit offenen Augen da und starrte zur Decke. So ging es Monat um Monat. Im Dezember aber fiel ihm bei der Arbeit ein Brief in die Hände, der in ungelenker Schrift die Anschrift »An den Weihnachtsmann, Nordpol« trug. Armstrong öffnete den Umschlag und las: »Lieber Weihnachtsmann, wir sind sehr traurig bei uns daheim dieses Jahr, und ich möchte nicht, dass Du mir etwas bringst. Letztes Frühjahr ist mein Brüderchen in den Himmel gekommen. Ich hab bloß eine Bitte an Dich, wenn Du in unser Haus kommst, dass Du Brüderchens Spielsachen mitnimmst.« Das Mädchen sorgte sich sehr, ihr Bruder könnte sich im Himmel verlassen fühlen ohne seine Sachen. Weiter schrieb es: »[…] es ist auch gar nicht nötig, dass Du für mich etwas dalässt, aber wenn Du Vati etwas bringen könntest, dass er wieder seine Pfeife raucht und mir Geschichten erzählt, so wünsche ich von Herzen, Du würdest es tun.« Und es schloss mit den Worten: »Ich will auch immer sein Dein braves, kleines Mädchen Marian.« Als Fred Armstrong an diesem Abend heimkam, zündete er sich schon im Vorgarten seine Pfeife an. Er öffnete die Küchentür und blies eine Rauchwolke hinein. Und dann lächelte er seine Frau und seine Tochter an, so wie er es früher immer getan hatte.

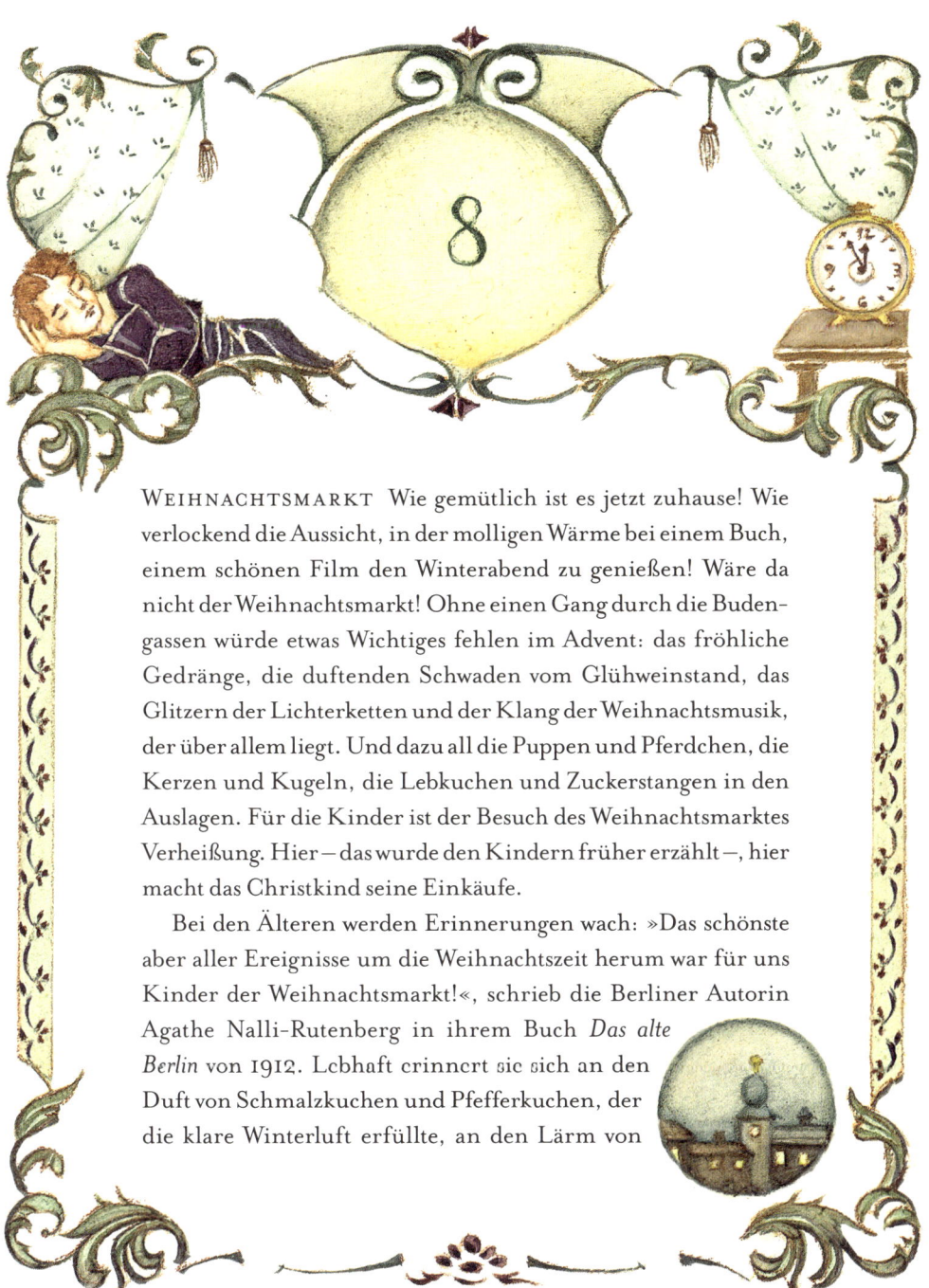

WEIHNACHTSMARKT Wie gemütlich ist es jetzt zuhause! Wie
verlockend die Aussicht, in der molligen Wärme bei einem Buch,
einem schönen Film den Winterabend zu genießen! Wäre da
nicht der Weihnachtsmarkt! Ohne einen Gang durch die Buden-
gassen würde etwas Wichtiges fehlen im Advent: das fröhliche
Gedränge, die duftenden Schwaden vom Glühweinstand, das
Glitzern der Lichterketten und der Klang der Weihnachtsmusik,
der über allem liegt. Und dazu all die Puppen und Pferdchen, die
Kerzen und Kugeln, die Lebkuchen und Zuckerstangen in den
Auslagen. Für die Kinder ist der Besuch des Weihnachtsmarktes
Verheißung. Hier – das wurde den Kindern früher erzählt –, hier
macht das Christkind seine Einkäufe.

Bei den Älteren werden Erinnerungen wach: »Das schönste
aber aller Ereignisse um die Weihnachtszeit herum war für uns
Kinder der Weihnachtsmarkt!«, schrieb die Berliner Autorin
Agathe Nalli-Rutenberg in ihrem Buch *Das alte
Berlin* von 1912. Lebhaft erinnert sie sich an den
Duft von Schmalzkuchen und Pfefferkuchen, der
die klare Winterluft erfüllte, an den Lärm von

Knarren, Trompeten, Pfeifen und Waldteufeln. Und an die Ausrufer, »welche mit lauter Stimme ihre Ware anpriesen – ein Mann mit einem Hahn in der Hand: ›Vorne pickt er, hinten nickt er!‹ Ein anderer, der den fleißigen Sägemann arbeiten ließ: ›Alles, was hier bimmelt, bammelt, zippelt, zappelt – kostet nur einen Silbergroschen!‹« Das alles, erzählt die Autorin, habe sich zu einer »zwar die Ohren betäubenden, doch unser Kinderherz innig erfreuenden Musik« vereint.

Zu der Zeit, von der hier berichtet wird, zählte der Berliner Weihnachtsmarkt zu den bedeutendsten in Deutschland. Die Berliner waren mächtig stolz auf ihn, so auch der Journalist Felix Philippi, der 1890 schrieb, dass er auf seinen vielen Reisen kein Volksfest kennengelernt habe, das dem Berliner Weihnachtsmarkt gleichgekommen sei. Mit liebevollem Spott zählt er auf, was es dort alles zu kaufen gab: »Leinwand aus Schlesien und Schaftstiefel aus Kalau, Puppen mit blödsinnigen Gesichtern und einhenkelige Porzellanvasen zu intimen Zwecken, buntkarierte Bettbezüge und taubstumme Kanarienvögel, Nippesfiguren und Nerzmützen aus Lampes edlem Fell, Bratpfannen und Rückerts ›Liebesfrühling‹, Seife, die nach gebratenem Hering roch …« – lauter Dinge eben, die man nicht unbedingt braucht, für die sich aber bestimmt ein Liebhaber findet!

Dass ihr Markt so alt sei wie die Stadt selbst, wie manche Berliner behaupten, ist fraglich. Nachgewiesen ist er aber immerhin schon für das 16. Jahrhundert, womit er allerdings längst nicht der älteste in Deutschland ist. Diesen Ruhm kann der Dresdner Striezelmarkt für sich beanspruchen, der im Jahr 1434 zum ersten Mal stattfand. Damals bewilligte Kurfürst Friedrich II. der Bevölkerung »umb gemeines nutzens und unserer Stadt Dresden besten willen« einen Markttag vor Heiligabend, an dem sich die Dresdner mit Fleisch eindecken konnten. Hier kauften sie nach den Fastenwochen vor Weihnachten ihren Festbraten ein. Das Angebot fand Anklang und wurde erweitert, und schon nach wenigen Jahrzehnten führte der Markt das Wort in seinem Namen, das so untrennbar mit dem weihnachtlichen Dresden verbunden ist: Striezel, wie der Stollen hier genannt wird.

Der süße Laib steht bis heute im Mittelpunkt des Marktes, vor allem beim berühmten Stollenfest. Rund dreitausend Kilo wiegt der Riesenkuchen, der von Dresdner Bäckern am Samstag vor dem zweiten Advent gebacken wird. Zwölf Kilo schwer und mehr als eineinhalb Meter lang ist das Messer, mit dem er angeschnitten wird, eine genaue Nachbildung des Messers, mit dem im Jahr 1730 der erste seiner Art zerteilt wurde. Wer anders als Sachsens Kurfürst August, der von allen »der Starke« genannt wird, kann der Urheber eines solchen Spektakels gewesen sein? Bei seinem »Zeithainer Lustlager«, einer Heerschau und Inbegriff barocker Lebensart, präsentierte er seinen illustren Gästen einen Stollen, weitaus größer und üppiger noch als die heutigen, gebacken von einem Bäckermeister und sechzig Gehilfen. Für dieses Riesengebäck musste eigens ein Backofen errichtet werden, und acht Pferde waren nötig, um es auf einem Wagen zu Augusts Lager zu bringen, wo ein Zimmermann es anschnitt. Seit 1994 lässt man das historische Ereignis jährlich wieder aufleben – passend für eine Zeit, in der sich viele nach Althergebrachtem sehnen.

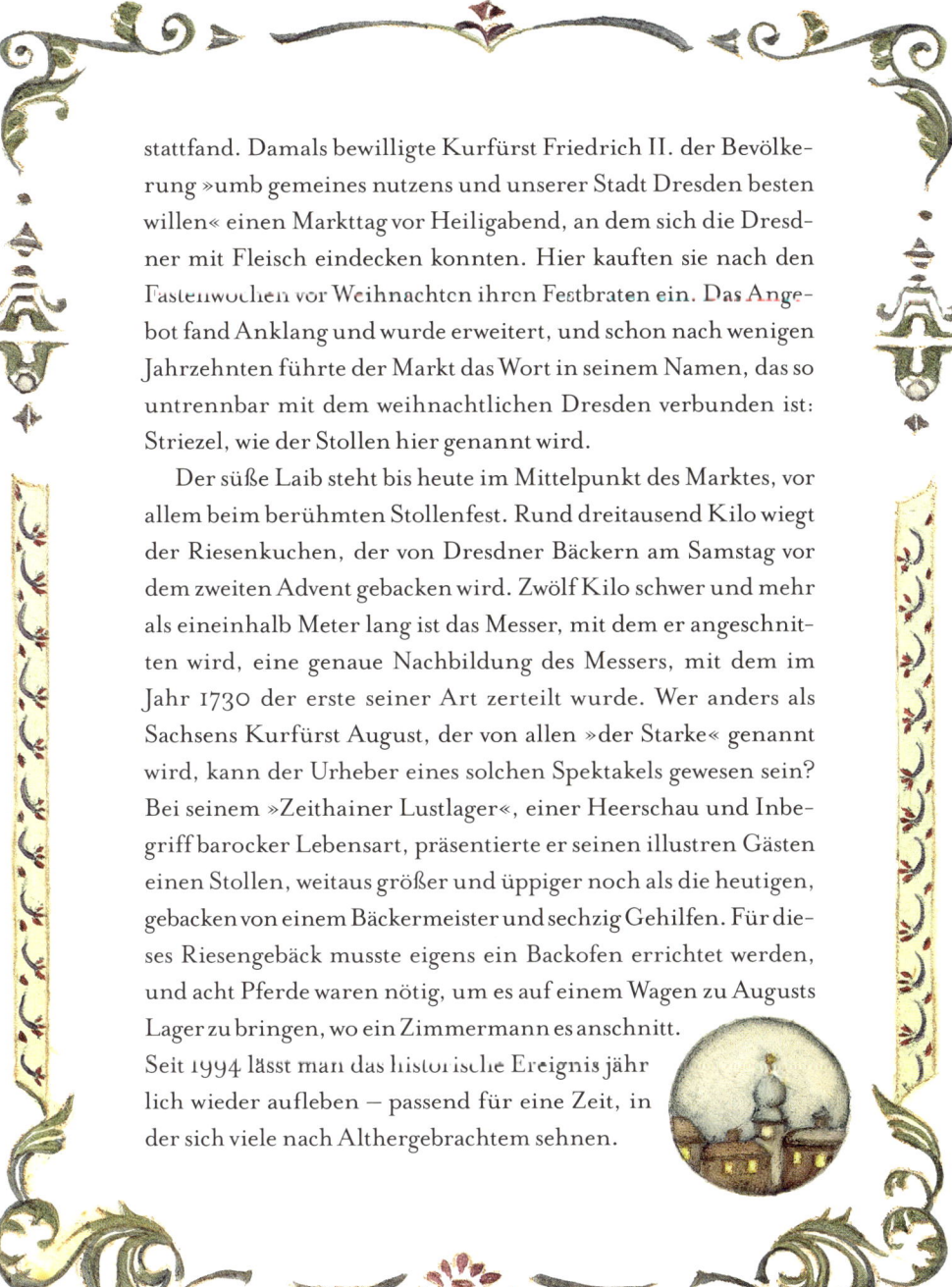

Auch in vielen anderen Städten verbinden sich Traditionen mit den Weihnachtsmärkten. Wie in Augsburg, wo alljährlich vierundzwanzig junge Frauen beim »Engelesspiel« das Rathaus in einen klingenden Adventskalender verwandeln. Oder in Nürnberg, wo seit Jahrzehnten das Christkind selbst im glitzernden Goldgewand den berühmten »Christkindlesmarkt« eröffnet. »Ihr Herrn und Frau'n, die Ihr einst Kinder wart, / Ihr Kleinen, am Beginn der Lebensfahrt, / ein jeder, der sich heute freut und morgen wieder plagt: / Hört alle zu, was Euch das Christkind sagt!«, ruft es am Freitag vor dem ersten Advent bei Einbruch der Dunkelheit von der Empore der Frauenkirche. Dann beschreibt es, mit immer gleichen Worten, den Markt und erzählt vom Sinn des Schenkens.

Und wer ihm zuhört, der erinnert sich vielleicht inmitten all der Pracht und Üppigkeit des Marktes an ein einziges Geschenk, das ihm einmal wirklich etwas bedeutet hat, und an die Zeit, in der für ihn selbst der Weihnachtsmarkt Verzauberung und Verheißung war.

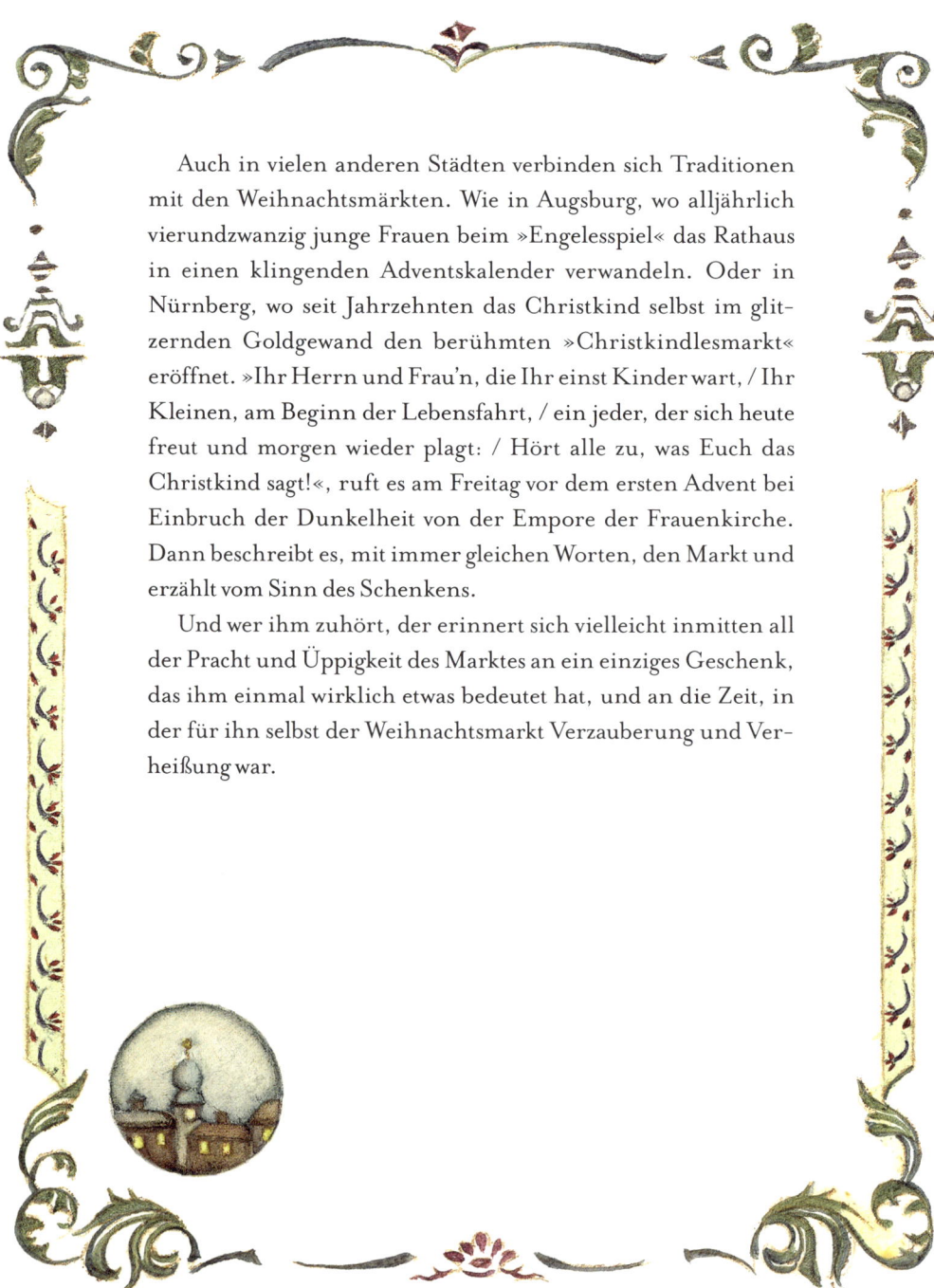

WEIHNACHTSPOST »Da bin ich, lieber Freund, um Ihnen, so gut es durch so viel Ferne geschehen kann, zu dem mir ewig jungen Kindheitsfeste die Hand zu schütteln. Unten spielt meine Jüngste allerlei süße Melodien, und im ganzen Hause weihnachtet es sehr.« Diese Zeilen schrieb im Dezember 1882 Theodor Storm an Gottfried Keller. Nie sind sich die beiden Schriftsteller persönlich begegnet. Über zehn Jahre hinweg aber haben sie einander ihre Gedanken in Briefen anvertraut. Da durften Weihnachtsbriefe nicht fehlen, denn bereits zu dieser Zeit war es üblich, Freunden und Verwandten Grüße zum Fest zukommen zu lassen. Gute Wünsche, oft auch Geschenke wurden versendet, Worte auf Papier gebracht, die ein wenig von der räumlichen Entfernung nehmen sollten, die zwischen den Schreibenden lag. »Wie gern, wie außerordentlich gern ich statt meines Briefes die Reise nach Hamburg machte, kann ich Dir gar nicht sagen«, beteuerte Friedrich Hebbel seiner langjährigen Geliebten Elise Lensing in einem Weihnachtsbrief aus München. Und der Theaterdichter Theodor Körner schrieb an die Seinen: »Nun bescher ich Euch in Gedanken recht

viel tausend Küsse an alle und die herzlichsten Wünsche obendrein. […] Legt aber doch ein Stückchen Stritzel hin, es soll mir bis nach Wien gut schmecken.«

Wer eine große Zahl Bekanntschaften pflegte, der hatte in der Zeit vor Weihnachten freilich reichlich zu tun. »Zwei Tage lang nichts als Kisten gepackt und Paquete gemacht u. Weihnachtsbriefe an Alt und Jung in alle Welt gesendet«, so schilderte Theodor Storm seine vorweihnachtliche Schreibarbeit einmal. Diese Arbeit, heißt es, wollte sich der englische Staatsbeamte Sir Henry Cole nicht mehr machen. Warum, so dachte er sich wohl, versende ich nicht eine gedruckte Weihnachtsbotschaft, ein hübsches Bild, auf das ich nur einige persönliche Zeilen schreiben muss? Also beauftragte er im Jahr 1843 den Künstler John Callcott Horsley, eine solche Karte zu entwerfen. Horsley ließ sich vom Geist der damaligen Zeit inspirieren, der sich wunderbar widerspiegelt in Charles Dickens' *Weihnachtslied*, das im selben Jahr erschien. »Aber ich weiß gewiss«, heißt es darin, »dass ich Weihnachten […] immer als eine gute Zeit betrachtet habe, als eine liebe Zeit, als die Zeit der Vergebung und Barmherzigkeit, als die einzige Zeit, die ich in dem ganzen langen Jahreskalender kenne, da die Menschen einträchtig ihre verschlossenen Herzen auftun.«

Diese erste Weihnachtskarte war wie ein dreiteiliges Altarbild gestaltet. Umrankt von Zweigen und Reben, war auf der einen Seite ein wohltätiger Herr dargestellt, der einer alten Frau und einem kleinen Kind etwas zu essen reicht, und auf der anderen eine junge Frau, die ein armes Mädchen in einen Mantel hüllt. Für die Mitte hatte

der Künstler das Bild eines fröhlichen Familienfestes komponiert: Alt und Jung sind um einen großen Tisch versammelt, und auch der Betrachter wird eingeladen teilzuhaben, freundlich prosten ihm die Feiernden zu. Darunter stehen die Festtags- und Neujahrswünsche: »Merry Christmas and a Happy New Year to you.« Tausend Exemplare ließ Sir Henry Cole von dieser Karte drucken und von Hand kolorieren. Natürlich konnte er nicht alle selbst verschicken; die restlichen verkaufte er zu dem beachtlichen Preis von einem Shilling pro Stück. Schon in den darauffolgenden Jahren wurden solche Weihnachtskarten sehr beliebt, und sie sind es bis heute geblieben.

Prächtig geschmückte Tannenbäume und Stechpalmenzweige, Winterlandschaften, Schlittenfahrten und Schneeballschlachten zieren die Grußkarten oder auch der Weihnachtsmann selbst mit einem prall gefüllten Sack auf dem Rücken. Viele lassen sich aufklappen, und schon seit Anfang des 20. Jahrhunderts gibt es Guckkasten-Karten, bei denen sich beim Aufklappen Teile aufstellen. Viel zu schade sind all die kleinen Kunstwerke, um sie in einer Schublade zu verstauen. Deshalb werden die bebilderten Grüße in vielen Familien auf den Kaminsims oder eine Kommode gestellt. Und manch einer hängt sie wie eine Girlande voll guter Wünsche an einer langen Schnur quer durchs Weihnachtszimmer auf.

Jeder freut sich über Weihnachtspost, besonders groß aber dürfte die Freude bei John, Michael, Christopher und Priscilla gewesen sein. Über zwanzig Jahre hinweg erhielten die vier jedes Jahr in der Vorweihnachtszeit einen lang erwarteten Brief. Der Absender war

niemand anders als der Weihnachtsmann selbst. Meist fanden die Kinder den Umschlag, der die Freimarken der Nordpolpost trug, irgendwo im Haus, manchmal brachte ihn auch der Postbote.

Ausführlich berichtet der Weihnachtsmann in seinem Brief, was sich im vergangenen Jahr in seinem Reich zugetragen hat: Vom Polarbären, der, tollpatschig, wie er ist, stets die Weihnachtsvorbereitungen so durcheinanderbringt, dass die fristgerechte Auslieferung der Pakete in Gefahr gerät. Von zwei kleinen Polarfüchsen, die ihm ständig Streiche spielen. Von Abenteuern in unterirdischen Höhlen, vom Kampf gegen Kobolde, von Zwergen und Elfen und von großen Feiern mit den kleinen Schneemännlein. Als John, Michael, Christopher und Priscilla schließlich zu alt geworden sind, um noch mit Kindereifer auf die Post vom Weihnachtsmann zu warten, verabschiedet er sich von ihnen mit einem letzten Brief. »So werde ich Euch denn Lebwohl sagen müssen, gewissermaßen — aber vergessen werde ich Euch natürlich nicht. Wir merken uns immer die Namen von unseren alten Freunden […]. Und später einmal, wenn sie […] selbst Kinder haben, dann werden wir ganz bestimmt wiederkommen; wir freuen uns schon drauf.« Gezeichnet: »Father Christmas«. Einen fast ebenso bekannten Namen hatte übrigens der Vater der vier Kinder: Es war J. R. R. Tolkien, der Schöpfer der berühmtesten Fantasy-Bücher der Welt.

LEBKUCHEN Dieser Duft im ganzen Haus! Nach Nüssen und Mandeln riecht es, nach Butter und Honig, Zimt und Vanille und einem Dutzend anderer Gewürze. Es riecht nach Vorfreude und nach Erinnerung – an gerötete Wangen und klebrige Hände, an Puderzucker in Kinderhaaren und Teigspuren auf dem Küchenboden. Es riecht nach Weihnachtsbäckerei: »In den Teig so glatt und fein / stechen unsre Formen ein: / Herzen, Vögel, Kleeblatt, Kreise – / braune Plätzchen, gelbe, weiße / sieht man bald – welch ein Vergnügen – / auf dem Blech im Ofen liegen. / Knusprig kommen sie heraus, / duften durch das ganze Haus. / Solchen Duft kann's nur im Leben / jedes Mal zur Weihnacht geben«, heißt es in einem Gedicht. Auch wenn man diesen besonderen Duft überall wiedererkennt, ist er doch in jedem Haus ganz eigen, geprägt von Traditionen in der Familie und vom Brauchtum in der Region. All die Plätzchen aber, ob Sterne, Herzen oder Tannenbäumchen, ausgestochen von Kinderhänden, all die Busserln und Moppen und Springerle, die von den Engeln gebacken werden, bis der Himmel sich am Abend glutrot färbt, sie alle haben

einen gemeinsamen Vorläufer – den Lebkuchen, auch Pfefferkuchen genannt.

Wenn die Kinder früher fragten, wie die Lebkuchen entstanden sind, dann wurde ihnen vielleicht eine Geschichte erzählt,
die in einem alten Kinderbuch steht: »Es war einmal ein Junker, der hieß Herr Sirup und war ein sehr angenehmer Mann.
Seine Rede war süß und freundlich. Vielleicht ein wenig zu süß.
Nun geschah es, dass er eine junge Dame kennenlernte, die war
ganz anders wie er selbst. Gerade darum gefiel sie ihm. Sie hieß
Fräulein Mehl, war schneeweiß von Angesicht und von Charak-
ter mild und sanft, nur etwas trocken. Das Fräulein Mehl war
eine vielverlangende Dame, und der Junker Sirup fand keine
Gnade vor ihren Augen. ›Du bist mir zu süß‹, sprach sie. Da holte sich Junker Sirup Bundesgenossen. Er nahm den scharfen
Pfeffer zu sich, den würzigen Kardamom, die bittere Pomeran-
zenschale und versuchte sein Glück aufs Neue. Fräulein Mehl
zuckte die Achseln. ›Nun bist du mir zu scharf geworden.‹ Junker Sirup wählte sich neue Freunde, die milde Butter, den süßen
Zucker. ›Jetzt bin ich dir doch recht?‹ Fräulein Mehl zuckte die
Achseln. In seiner Verzweiflung wandte sich Junker Sirup an
seine Bekannte, die alte, graue Jungfer Pottasche, und holte sich
Rat bei ihr. Sie war verhasst bei jedermann, und ihr Rat war eitel
Bosheit. Der Junker Sirup ergrimmte. Er fing an zu schäumen
und zu toben. Sein bräunliches Gesicht wurde blass, sein Zorn
überstieg alle Grenzen. Der sanfte, süße Junker
Sirup war nicht wiederzuerkennen. Fräulein
Mehl aber gefiel er plötzlich über die Maßen.
Die Hochzeit wurde festlich begangen, und all

die wohlschmeckenden Pfefferkuchen sind die Kinder des Herrn Sirup und der Madame Mehl.«

Mindestens genauso märchenhaft wie diese Kindererzählung ist die wahre Geschichte der Lebkuchen. Sie führt zurück in ägyptische Gräber, wo die süßen Fladen vor über fünftausend Jahren den Toten als Wegzehrung auf ihrer langen Reise ins Jenseits mitgegeben wurden. Sie führt an die Altäre uralter Gottheiten, auf denen die Opferkuchen dargeboten wurden, damit das Jahr fruchtbar wurde. Sie führt zu den Feinschmeckern im antiken Griechenland und Rom. Sie verliert sich für Jahrhunderte im Dunkel und führt schließlich zu den mittelalterlichen

Klöstern, wo — wie so vieles, das uns heute selbstverständlich ist — auch die Weihnachtsbäckerei erfunden wurde.

Wie ein Geheimnis hüteten die Mönche und Nonnen in den Backstuben ihre Rezepturen. Und ist es nicht auch geheimnisvoll, wie aus wenigen Zutaten, gut durchgewalkt, wochenlang gelagert und sorgfältig gebacken, ein Gebäck wird, das die fade Fastenkost so ungeahnt versüßt? Honig nimm, und koche ihn auf. Gib Butter hinein, wenn er abgekühlt ist. Pottasche füge hinzu, damit der Teig treibt und locker wird. Rühre Mehl hinein, und vergiss vor allem die Gewürze nicht!

Sieben müssen es sein, denn diese Zahl stand im Mittelpunkt des christlichen Lebens seit Anbeginn der Welt, die in sieben Tagen erschaffen wurde. Sieben — das ist die Zahl der Sakramente und der Tugenden. Siebenerlei sind die Werke der Barmherzigkeit und die Gaben des Heiligen Geistes. Und dank ihrer sieben Gewürze sind Lebkuchen ein so gesundes Gebäck, dass sie früher in Apotheken verkauft wurden. Magenstärkend sind sie, appetitanregend und verdauungsfördernd und damit bis heute genau richtig in der Zeit der schweren Mahlzeiten und üppigen Genüsse. Zimt und Pfeffer, Ingwer und Kardamom, Muskat, Nelken und Koriander. Das sind die sieben Gewürze, die ihnen ihren besonderen Geschmack verleihen.

Sie kamen von weit her: Zimt aus Ceylon, Pfeffer von der auch Pfefferküste genannten Malabarküste in Indien, dem Land, das auch die Heimat des Ingwers und des Kardamoms ist. Von den Molukken, den berühmten Gewürzinseln im Indischen Ozean, kamen Muskat und Nelken. Und der Koriander schließlich wurde

aus Kleinasien nach Mitteleuropa gebracht. Viele Monate dauerte die Reise der Gewürze über die alten Handelswege. Auf Dschunken wurden sie über die tropischen Meere geschifft, auf denen Taifune tobten und Seeräuber lauerten, auf Kamelen durch die Wüste geschaukelt, bedroht von Sandstürmen und Wegelagerern. Wenn die Fracht in Europa eintraf, war sie mit Gold kaum aufzuwiegen. Wer den Handel mit Spezereien kontrollierte, war reich, und er tat sein Möglichstes, um diesen Reichtum mit niemandem zu teilen. Seewege wurden auf der Spur der Gewürze entdeckt, Kriege geführt und Länder erobert.

Zur selben Zeit wurden in den bedeutenden mittelalterlichen

Klöstern immer neue Köstlichkeiten kreiert. Die Mönche und Nonnen ließen sich von den Rezepten beflügeln, die sie in ihren Bibliotheken in alten arabischen und römischen Schriften fanden. Nicht nur die Lebkuchen wurden immer feiner gebacken und schließlich auf Oblaten gesetzt, damit der Teig nicht am Backblech festklebte. Auch der Stollen hat seinen Ursprung hinter Klostermauern. Dieses Gebäck trägt einen frommen Namen, denn er weist auf einen »Pfosten« hin, der für die tragende Kraft Jesu steht. Und der Laib des Stollens mit seinen übereinandergeklappten Teigplatten und dem weißen Überzug aus Puderzucker soll, wie eine Legende erzählt, an die Windeln des Kindes erinnern. Als nämlich die Hirten und Bauern in Bethlehem weilten, um das Kind anzubeten, da fiel den Frauen unter ihnen ein, dass sie in der Eile ihre Kuchen im Backofen gelassen hatten und diese ihnen verbrennen würden. Maria erriet ihre Sorgen und tröstete sie: »Während ich mein Kindlein wickelte, habe ich eure Kuchen gleich mit gebacken. Geht ruhig nachhause, sie werden schöner sein denn je, und um ihre süße Mitte wird der Teig geschlagen sein wie die Windeln um mein Kind – zum Gedenken an diesen Tag.«

Etwas so Köstliches wie das Weihnachtsgebäck konnte nicht für immer hinter Klostermauern verborgen bleiben. Es war, als ob sich der Duft seinen Weg in die Städte bahnte. Überall begannen die Bäcker und ihre Gesellen, in der Vorweihnachtszeit den Teig für die süßen Leckereien zu kneten. Formschneider schnitzten kunstvoll biblische und höfische Szenen in Holzmodeln, Kistenmacher zimmerten Behälter, in denen vor allem die halt-

baren Lebkuchen von wandernden Händlern auf die Straßen und Märkte getragen wurden.

Und manch eine mittelalterliche Stadt legte den Grundstein für ihren Ruf als Hochburg des guten Gebäcks. Allen voran Nürnberg. Nirgends sonst gab es so ideale Voraussetzungen, die Kunst des Lebkuchenbackens zur höchsten Blüte zu bringen. Hier kreuzten sich mehrere Handelswege, auf denen die Gewürze herangebracht wurden. Aus dem Nürnberger Reichswald mit seinem Heidekraut kam so köstlicher Honig, dass er »des Heiligen Römischen Reiches Bienengarten« genannt wurde. Gewürzkontrolleure, Schauer genannt, überwachten die Qualität der angelieferten Gewürze. Und die Lebküchner und Lebzelter übertrafen sich mit immer neuen Schöpfungen.

Es war ein weiter Weg von den harten Opferbroten bis zu den flaumweichen, duftenden »Elisen«, der zartesten Lebkuchenkreation. Und ein noch weiterer von den Backstuben der Klöster zu den Küchen der Familien. Erst als im Biedermeier das »traute Heim« zum Mittelpunkt des bürgerlichen Lebens wurde, übernahmen die Hausfrauen die Arbeit der Bäcker. Sie setzten ihren ganzen Stolz darein, raffiniertes und aufwendiges Weihnachtsgebäck herzustellen und möglichst unverwechselbare neue Plätzchen zu erfinden. Von ihren hausfraulichen Fähigkeiten hing ihr Ansehen in der Gesellschaft ab. Doch dass eine nur dann zur Königin taugte, wenn sie gute Pfeffernüsse backen konnte, das kommt wohl nur im Märchen vor.

So erzählt es der Arzt und Märchendichter Richard von Volkmann-Leander im 19. Jahrhundert augenzwinkernd in seiner Geschichte

Von der Königin, die keine Pfeffernüsse backen, und vom König, der das Brummeisen nicht spielen konnte. Da war ein König, der suchte eine Königin. Und zwar nicht irgendeine, wie er seinem Minister erklärte: »Wenn mir eine Prinzessin gefallen soll, muss sie klug und schön sein, und dann ist noch ein Punkt, auf den ich ganz besonderen Wert lege: Du weißt, wie gern ich Pfeffernüsse esse. In meinem ganzen Reich ist kein einziger Mensch, der sie zu backen versteht, wenigstens richtig zu backen, nicht zu hart und nicht zu weich, sondern gerade knusprig. Sie muss unbedingt Pfeffernüsse backen können.« Doch trotz eifriger Suche fand sich keine Prinzessin, die auch als Bäckerin bestehen konnte. Schlimmer noch: Die Schöne, Kluge, die er schließlich heiratete, hatte ihrerseits eigentlich einen Mann haben wollen, der das Brummeisen spielen konnte. So etwas geht nicht lange gut. Und wirklich: Schon beim ersten Streit hagelte es Vorwürfe. Weil aber Märchen ein gutes Ende haben müssen, kam nach dem Streit die Versöhnung. Die Wörter »Pfeffernuss« und »Brummeisen« aber wurden im ganzen Land bei Strafe verboten.

Wie gut, dass es dieses Königreich nur im Märchen gibt! Denn wo die Wörter verboten werden, da verschwinden bald auch die Dinge, die sie bezeichnen. Und dann müssten wir ohne all die Köstlichkeiten leben, die aus der glücklichen Verbindung von Honig und Mehl, Butter, Eiern und Gewürzen entstanden sind. Es gäbe keine Printen aus Aachen, keine Leckerli aus Basel und keine Pfefferkuchen aus Pulsnitz. Und es gäbe nicht diesen speziellen Duft der Weihnachtszeit, der zugleich auch der Duft der Kindheit ist.

NUSSKNACKER Er ist der wichtigste Mann auf dem Weihnachtstisch: der Nussknacker. Natürlich nicht irgendein beliebiger Nussknacker. Nicht einer, der einfach aus zwei Zangen besteht, die den weichen Kern von der harten Schale befreien und den es schon in der Antike gab. Solch ein einfaches, nützliches Gerät ist viel zu prosaisch für ein so prächtiges Fest. Da muss es schon der andere sein. Der bunt bemalte hölzerne. Ein grimmiger Kerl mit riesigen Zähnen im furchteinflößenden Gesicht. Diese Sorte Nussknacker hat ein alter Puppenschnitzer aus dem Erzgebirge erfunden. So jedenfalls erzählt es eine Sage aus dieser Region.

Dort soll vor vielen Jahren ein Bauer gelebt haben, der zwar reich an irdischen Gütern, doch arm an Freunden war. Daran waren nicht zuletzt seine Hartherzigkeit und sein Geiz schuld. Nichts mochte er mit anderen teilen, nicht Gut und Geld, ja nicht einmal die Nüsse, die er für sein Leben gern zu Weihnachten aß. Weil er aber keine Methode gefunden hatte, sie ohne Mühe zu öffnen, versprach er demjenigen eine Belohung, der das Problem lösen würde. Und so kam es, dass dem Bauern die merkwürdigsten Vorschläge unterbreitet wurden: Ein Soldat empfahl ihm, auf die Nüsse zu schießen. Der Dorfschreiner brachte eine Säge, mit der es ein Leichtes wäre, so beteuerte er, die Schalen Stück für Stück zu zersägen. Ideen, die von der des Viehdoktors noch übertroffen wurden. Der Bauer möge doch, riet er, die besten Hennen des Dorfes auf die Nüsse setzen, dann würden die Kerne schon von selbst ausschlüpfen.

Nur der alte Puppenschnitzer meldete sich nicht zu Wort, sondern schnitzte stattdessen drei Tage lang stillvergnügt an einer Figur herum. Und als er fertig war, stand ein Männchen vor ihm auf dem Tisch, geschaffen nach dem Vorbild eines erzgebirgischen Bergmanns in Sonntagstracht und ausgestattet mit großem Mund und hartem Kiefer – der erste Nussknacker. Keine Frage, dass der Bauer begeistert von ihm war. Ja mehr noch: Er öffnete sein Herz für andere Menschen und teilte fortan sogar seinen größten Schatz, die Nüsse, mit ihnen.

So entstand im Erzgebirge der erste Nussknacker. Und so kommt er bis heute aus den Dörfern tief im Süden Sachsens, wo er aus dem Holz von Fichten oder Linden gedrechselt wird. Mal sieht er aus wie ein Bergmann, mal wie ein Förster oder Husar. Am bekanntesten ist er jedoch in der Paradeuniform des Königs in den Weihnachtsfarben Rot und Grün geworden, mit den hohen Stiefeln und der Krone auf dem Kopf. Und das liegt daran, dass er in dieser Gestalt immer wieder Dichter zu phantasievollen Geschichten inspiriert hat. Allen voran den Romantiker E. T. A. Hoffmann, Maler, Musiker und vor allem Schöpfer geheimnisvoller

Erzählungen. Fast jeder kennt sein Märchen *Nussknacker und Mausekönig* oder hat zumindest schon einmal davon gehört: Wie in jedem Jahr werden die Kinder Fritz und Marie zu Weihnachten reich beschenkt. Vor allem die kleine Marie ist überwältigt. Vom Baum, der über und über mit Naschwerk behängt ist und in dessen Ästen hundert kleine Lichter wie Sterne funkeln. Und von den Gaben, die darunter liegen. Doch am besten gefällt ihr der Nussknacker, den sie von ihrem Paten, dem ein wenig unheimlichen Obergerichtsrat Droßelmeier, geschenkt bekommen hat. Das Mädchen schließt den kleinen Kerl sofort ins Herz. Und das ist kein Wunder, denn wie es sich in einem Märchen gehört, ist der hässliche Nussknacker ein verzauberter Prinz. Er wurde von einer rachsüchtigen Mausekönigin verflucht und kann erst dann seine ursprüngliche Gestalt wiedergewinnen, wenn er deren siebenköpfigen Sohn im Kampf besiegt und wenn ihn eine Dame trotz seiner Missgestalt liebgewinnt.

Da ist die kleine Marie genau die Richtige. Doch bis sie ihren Helden erlösen kann, muss sie noch viele Abenteuer bestehen und beweisen, dass ein kleines Mädchen niemandem an Tapferkeit und Entschlossenheit nachsteht, auch wenn es nicht älter als sieben Jahre ist. Sie opfert dem gierigen Mausekönig ihre liebsten Schätze, die er gnadenlos zerbeißt. Und als das nicht hilft, beschafft sie dem Nussknacker ein Schwert, mit dem er den Unhold töten kann. Unbeirrt erträgt sie zudem den Unglauben ihrer Familie, die ihre Erlebnisse anzweifelt. Zur Belohnung zieht sie schließlich mit ihrem Nussknackerkönig in sein Puppenreich, »in dem man überall funkelnde Weihnachtswälder, durchsichtige Marzipanschlösser, kurz, die allerherrlichsten, wunderbarsten Dinge erblicken kann, wenn man nur darnach Augen hat«.

Hoffmanns Erzählung bezauberte die Leser und inspirierte andere Künstler: Der Franzose Alexandre Dumas arbeitete sie für Kinder um. Diese Fassung wiederum lernte der russische Komponist Peter Iljitsch Tschaikowski kennen und lieben und schuf nach ihr das berühmte *Nussknacker*-Ballett, das mit seiner verspielten Schwerelosigkeit aus den Theaterprogrammen der Vorweihnachtszeit bis heute nicht wegzudenken ist.

Fast könnte man bei so viel Ruhm und Ehre vergessen, dass man mit einem Nussknacker auch einfach Nüsse knacken kann! Just zu diesem Zweck vermag er ja sein Riesenmaul so weit aufzureißen. Das bringt der Dichter August Heinrich Hoffmann von Fallersleben in Erinnerung. »Du kannst mit deinen dicken Backen / Gar hübsch die harten Nüsse packen / Und weißt sie vortrefflich aufzuknacken«, heißt es in seinem Gedicht »Nussknacker«. Die Mühe soll nicht vergebens sein. Denn: »Ich will dir zu Ehren / Die Kerne verzehren. / O knacke nur, knack knack knack! immerzu! / Ei, welch ein braver Kerl bist du!«

HEXENHÄUSCHEN »Knuper, knuper, kneischen, / Wer knupert an meinem Häuschen? […] Der Wind, der Wind, / Das himmlische Kind.« Jeder kennt diese raunenden Reime und das Märchen, in dessen Mittelpunkt sie stehen. Jeder weiß auch, dass die Geschichte gut ausgeht. Und doch rücken die Kinder beim Vorlesen näher an ihre Eltern heran, schieben sich kleine Hände in große, erinnern sich die Erwachsenen selbst an die Angst, die sie vor vielen Jahren bei diesen Worten empfunden haben.

Drei Tage schon waren Hänsel und Gretel, die Kinder des armen Holzfällers, durch den Wald geirrt. Nirgendwo im dichten Gehölz schien es einen Weg zu geben, der nachhause führte. Aber was hätte es ihnen auch genützt, ihn zu finden? Schließlich hatten die eigenen Eltern sie im Wald ausgesetzt. Dem Vater war das nicht leicht gefallen, doch die Stiefmutter hatte ihn nun schon zum zweiten Mal dazu überredet, und sicher würde ihr das auch in Zukunft wieder gelingen.

Mude waren die Kinder und hungrig. Die wenigen Beeren, die sie am Boden fanden, machten nicht satt, und wenn nicht bald Hilfe kam, würden sie verschmachten müssen. Da sahen sie auf einmal ein schneeweißes Vögelchen auf einem Ast. »[…] das sang so schön, dass sie stehen blieben und ihm zuhörten. Und als es fertig war, schwang es seine Flügel und flog vor ihnen her, und sie gingen ihm nach, bis sie zu einem Häuslein gelangten, auf dessen Dach es sich setzte, und als sie ganz nah herankamen, so sahen sie, dass das Häuschen aus Brot gebaut war und mit Kuchen gedeckt; aber die Fenster waren von hellem Zucker.« Welch ein Festschmaus für zwei arme Kinder! Hänsel und Gretel knabberten vergnügt und ahnten nicht, wie nah sie dem Verderben waren …

Tausend und abertausend Mal ist das »Häuschen von Pfefferkuchen fein«, wie es im Kinderlied heißt, in der Vorweihnachtszeit nachgebaut worden. Bis heute stehen die kunstvollen Gebilde in den Auslagen vieler Bäckereien. Doch noch vor wenigen Jahrzehnten konnten es sich viele Familien nicht leisten, ein solches Prachtstück zu kaufen. »Selbst basteln« hieß das Gebot der Stunde in den frühen fünfziger Jahren. So kam es, dass viele Kinder Ende November, Anfang Dezember mit ein paar Groschen in der Hand zum Bäcker geschickt wurden, um dort Lebkuchen als den wichtigsten Bestandteil des märchenhaften Baus zu kaufen. In vielen Familien, an vielen Küchentischen wurde so ein Häuschen zusammengefügt. Ohne die Hilfe von Eltern und Großeltern wäre das allerdings kaum gelungen, denn es war fast unmöglich, die sperrigen Lebkuchen alle gleichzeitig festzuhalten, um sie mit einem Gemisch aus Puderzucker und Wasser zum »Rohbau« zu verkleben. Wie vorsichtig musste man sein, um mit dem Küchenmesser aus dem zerbrechlichen Material Schornstein und Gartenzaun zu schnitzen oder – noch schwieriger – die Fensterhöhlen auszuschneiden! Beliebter war bei den Kindern das Schmücken und Verzieren: An jeder freien Stelle des Häuschens wurden bunte Bonbons, Zuckerkringel und selbstgebackene Plätzchen befestigt, bis Kinder, Küche und Kuchenteile mit der klebrigen Masse überzogen waren. Und als i-Tüpfelchen quoll aus dem Schornstein weißer Rauch aus weicher Watte. Da fehlten nur noch Hänsel, Gretel und die Hexe, denn ohne dieses Trio wäre kein Hexenhaus komplett gewesen. In jeder Familie fand sich eine große Schwester oder ein älterer Cousin, die die Figuren aus Sperrholz aussägten.

Lebkuchenhäuser hatten sich die Menschen in ihrer Phantasie schon lange ausgemalt, bevor das Märchen von Hänsel und Gretel zum ersten Mal aufgeschrieben wurde. Für die Menschen des Mittelalters muss die Vorstellung von süßer Schwelgerei verlockend gewesen sein: Der flämische Maler Pieter Bruegel d. Ä. hat diese Sehnsucht mitsamt dem wohlschmeckenden Häuschen auf Gemälden dargestellt. Und der Meistersinger Hans Sachs beschreibt das »Schlaraffenland« in seinem berühmten gleichnamigen Gedicht so: »Da sind die Häuser gedeckt mit Fladen, / Mit Lebkuchen Tür und Fensterladen.«

Wer hat da nicht gleich das Weihnachtsfest mit seinen üppigen Genüssen vor Augen? Doch das Hexenhaus ist erst viel später zum Attribut der Adventszeit geworden, und zwar durch die Brüder Jacob und Wilhelm Grimm. Am 20. Dezember 1812 erschien nämlich pünktlich zum Fest die erste Ausgabe ihrer *Kinder- und Hausmärchen*. Die Herausgeber setzten große Erwartungen in die Veröffentlichung. Umso größer war ihre Enttäuschung, als sich der schwere Band schlecht verkaufte. Elf Jahre lang interessierte sich kaum jemand dafür, bis Wilhelm Grimm die zündende Idee hatte: Er schlug seinem Verleger vor, eine kleine Taschenbuchausgabe herauszubringen. »Mein Bruder könnte noch ein Blättchen dazu radieren, etwa eine Bescherung mit dem Christbaum«, schrieb er und knüpfte damit ein äußerst haltbares Band zwischen Märchen und Weihnachten.

Endgültig sicherte der Komponist Engelbert Humperdinck mit seiner Oper *Hänsel und Gretel* dem Märchen einen festen Platz in der Adventszeit. Vom Grimm'schen Original ist darin freilich kaum noch etwas zu finden. Hier werden die Kinder nicht ausgesetzt, sondern verlaufen sich, als sie im Wald Erdbeeren sammeln, und werden sogleich von den besorgten Eltern gesucht. Engel behüten sie, Sandmännchen und Taumännchen begleiten sie, und fröhliche Lieder und Tänze nehmen dem Märchen viel von seinem Schrecken. Doch eines ist geblieben: die Hexe mitsamt ihrem Haus. Als die Oper einen Tag vor Heiligabend des Jahres 1893 uraufgeführt wurde, stand ein Hexenhäuschen in der Mitte der Bühne. Und als Dank für seine gelungene Leistung soll dem Komponisten nach der Vorstellung eine genaue, nur viel kleinere Nachbildung überreicht worden sein – Vorbild für die ungezählten zuckersüßen Knusperhäuschen, die seither angefertigt worden sind.

KERZE Kerzenlicht – sanfter Trost in der Dunkelheit. Wenn auch die Nacht endlos scheint, so gibt es doch dieses Licht, so klein und still und stark. Hoffnung leuchtet darin und Menschlichkeit. Keine künstliche Festbeleuchtung, und sei sie noch so glitzernd, kann die Kraft einer einzigen Kerze überstrahlen. Und alle Finsternis der Welt reicht nicht aus, um ihr Licht auszulöschen. Es reicht weiter als die größten Taten und die stärksten Worte. Deshalb werden Kerzen angezündet, wo Taten nicht möglich sind und Worte fehlen. Sie erhellen Orte der Trauer und des Gebets. Sie werden ins Fenster gestellt zum Zeichen der Verbundenheit. Und sie werden auf die Straße getragen zur gemeinsamen Mahnung in einer Welt, der Frieden und Gerechtigkeit fehlen.

Kerzen begleiten uns während der ganzen Adventszeit. Doch nie scheint ihr Licht so klar zu leuchten wie am 13. Dezember. Denn das war nach dem julianischen Kalender, der bis zum Jahr 1582 galt, der Zeitpunkt der Wintersonnenwende und damit der dunkelste Tag des Jahres. Deshalb ist er der Gedenktag der heiligen

Lucia, der »Lichtvollen«, die um 300 nach Christus in Syrakus lebte und als Märtyrerin starb. Sie verschenkte ihr Vermögen, um den Armen zu helfen. Ihren Glaubensgenossen, die sich verstecken mussten, brachte sie heimlich Nahrung. Damit sie die Hände frei hatte zum Tragen der Speisen, setzte sie sich einen Lichterkranz aufs Haupt, um in der Dunkelheit ihren Weg zu finden. So, wie es in Schweden noch heute geschieht. Da tritt am Morgen die älteste Tochter der Familie im langen weißen Kleid mit roter Schärpe und dem Lichterkranz im Haar in jedes Schlafzimmer und bringt ihren Eltern und Geschwistern das Frühstück ans Bett. Am Abend zieht durch alle Gemeinden des Landes der Luciazug, angeführt von der Lichterbraut. Ihr folgen die Brautjungfern und die Sternenjungen und singen das Lucialied: »Dunkelheit liegt so schwer / auf allem Leben. / Sonne, die scheint nicht mehr. / Nachtschatten schweben. / Durch dunkle Stub und Stall / schreitet im Lichterstrahl / Sancta Lucia, Sancta Lucia.«

Licht bringen und Gutes tun – so nah liegen diese Worte zusammen, dass sie oft austauschbar sind. Wer einem anderen Gutes tut, der bringt Licht in sein Leben. »Die Kerze verzehrt sich im Dienste des Lichtes – der Mensch im Dienste der Liebe«, heißt es. Deshalb gab es in Süddeutschland bis ins 18. Jahrhundert hinein die »Kerzen der Barmherzigkeit«: In der Heiligen Nacht entzündeten in den Kirchen Wohltätige auf den Stufen des Altars Kerzen, die Gold- und Silbermünzen in sich bargen. Der Docht reichte immer genau bis zur nächsten Münze. Wenn nun ein Armer vor einer solchen Kerze betete, dann durfte er, sobald die

Flamme erlosch, die Münze, die sich aus dem schmelzenden Wachs löste, als Geschenk an sich nehmen. Anschließend musste er einen neuen Docht anzünden und seinen Platz für den nächsten Bedürftigen räumen. Der Begründer dieser Sitte soll König Rudolf von Habsburg gewesen sein. Zu seinen Lebzeiten, so wird erzählt, brannten im Dom zu Speyer am Weihnachtsabend tausend Kerzen der Barmherzigkeit, so dass ihr Licht weit über die Grenzen der Stadt hinaus ins Land leuchtete.

Doch braucht es keine tausend Kerzen, um Barmherzigkeit zu zeigen. Eine einzige kann genügen und gleichzeitig ein leiser Sieg über Härte und Willkür sein. Das erfuhr der feinsinnige preußische Kronprinz Friedrich, den man später als König »den Großen« nannte, in einer traurigen Stunde. Nach seinem gescheiterten Fluchtversuch aus seiner engen Welt wurde der Achtzehnjährige auf Befehl seines Vaters, des Königs Friedrich Wilhelm I., in Küstrin gefangen gehalten. Der Soldatenkönig hatte den strengen Befehl erteilt, jeden Abend um acht Uhr die Kerze zu löschen, die die Kammer des Prinzen erhellte. Als der zuständige Wachoffizier General von Parchim am ersten Abend seiner Pflicht nachkam, bat ihn Friedrich inständig, die Kerze noch eine Weile brennen zu lassen. Von Parchim jedoch blies die Kerze aus. Dann zündete er sie wieder an und sagte: »Mir ist streng befohlen worden, die Kerze um acht Uhr auszulöschen – aber niemand hat mir verboten, sie wieder anzuzünden.«

Hoffnung leuchtet auch in den Kerzenflammen auf den Adventskränzen. Sie erhellen die dunkle Zeit und weisen – von Woche zu Woche intensiver – auf die Geburt Jesu hin, der von sich gesagt hat: »Ich bin das Licht der Welt.« Der Barockmaler Georges de la Tour hat diese Worte in einem Bild gestaltet. Er war ein Meister der »Nachtstücke«, dunkler Gemälde, die nur von Kerzen erhellt werden. Auf einem von ihnen hat er die Geburt Christi dargestellt, einfach und ergreifend. Fünf Menschen sind darauf zu sehen, die sich um die Krippe scharen – Maria und Josef, zwei Hirten mit Stab und Flöte, eine Nachbarin, die einen irdenen Topf hält. In ihren Gesichtern ist ernstes Staunen zu lesen, mehr noch: Erschütterung. Es ist, als ob all diese Menschen einen Moment lang den Atem anhielten, als könnten sie nicht fassen, was sich ihnen offenbart. Hier singen keine Engel. Hier strahlt kein Stern, und kein König beugt sein Knie. Und doch ist hier Weihnachten. Josef hält eine Kerze in einer Hand und schirmt sie mit der anderen ab, so dass ihr Licht auf die Krippe fällt. Darin das Neugeborene, von Kopf bis Fuß in Windeln gewickelt. Es liegt und schläft, klein, fast zerbrechlich. Doch alles Licht scheint von diesem Kind auszugehen.

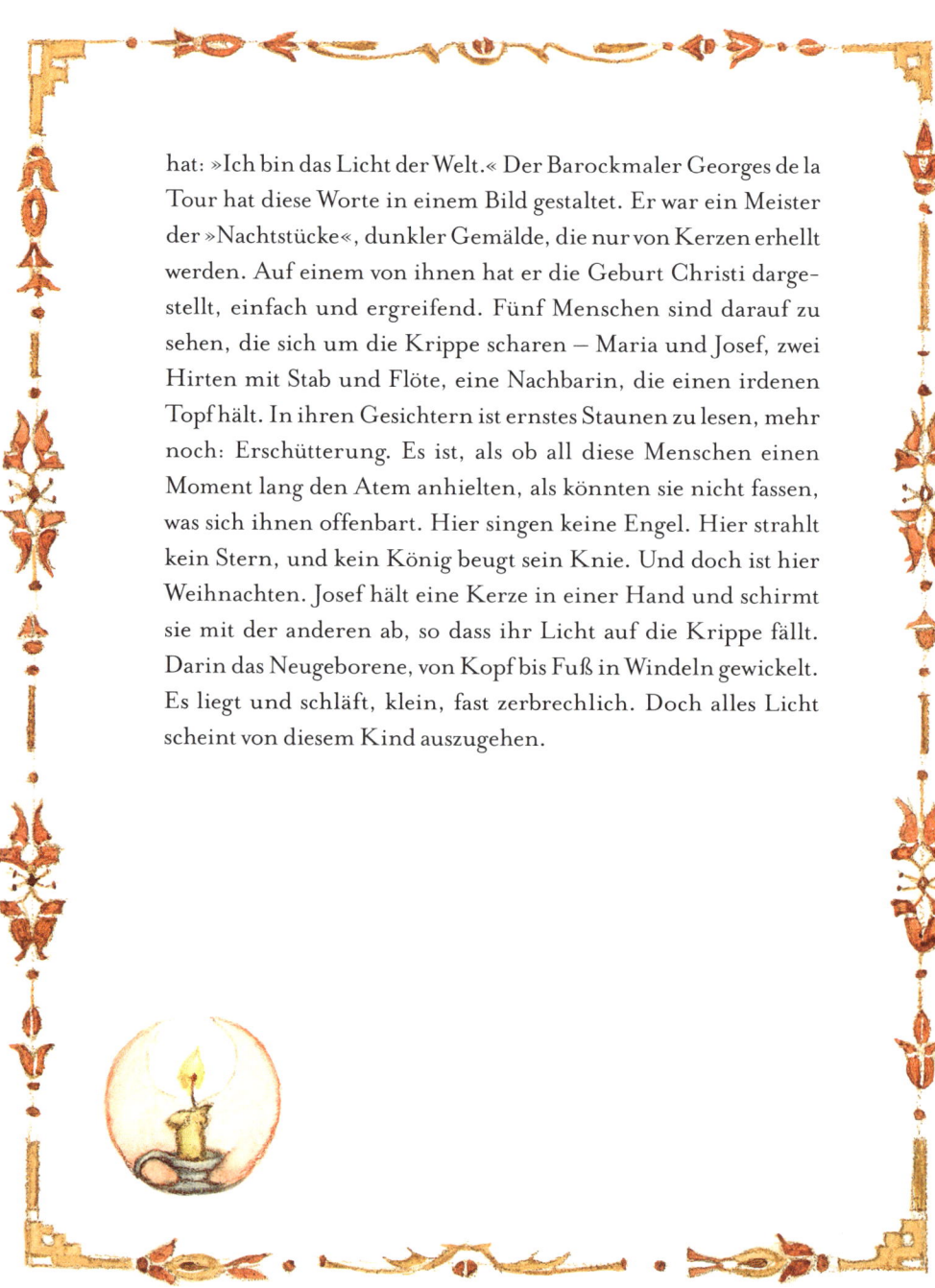

STROHSTERN Ein paar Strohhalme, ein Stück Garn. Mehr braucht man nicht, um die klassischste aller Weihnachtsdekorationen zu basteln. Lange bevor glitzernde Kugeln und Lametta den Weihnachtsbaum zierten, schmückten die Menschen seine Zweige bereits mit Sternen aus Stroh. Den allerersten Strohstern, so erzählt eine Legende, soll das Jesuskind selbst in seinen Händen gehalten haben. Als die Hirten auf dem Feld von der Geburt des Kindes erfuhren, eilten sie zur Krippe, um das Neugeborene zu sehen. Auf dem Heimweg überlegten sie, was sie ihm bei ihrem nächsten Besuch mitbringen könnten: frische Schafsmilch, Mehl, Fett und ein warmes Fell. Nathaniel, der kleinste Hirtenjunge, aber war traurig, denn er hatte nichts, was er ihm hätte schenken können. Deshalb konnte er, als er auf seinem Strohbett lag, lange nicht einschlafen und grübelte. Von draußen leuchtete hell der Weihnachtsstern auf sein Lager und tauchte die einzelnen Strohhalme in ein helles Licht. Da wusste Nathaniel plötzlich, was er dem Kind schenken würde: einen Stern aus Stroh! Leise stand er auf, schnitt mit seinem Messer ein paar Halme zurecht, legte sie zu einem Stern und band sie mit einem Wollfaden zusammen. Am nächsten Tag, als die Hirten gemeinsam aufbrachen, trug Nathaniel den kleinen Stern aus Stroh vorsichtig in seinen Händen. Er wartete, bis die anderen ihre Geschenke in die Krippe gelegt hatten. Dann trat er zu dem Kind und streckte ihm seinen Strohstern hin. Das Kind hielt den Stern fest und lächelte.

Das Jesuskind war auf Stroh gebettet. Daran denken die Menschen seit jeher, wenn sie in der Adventszeit Halme kürzen, zu filigranen Gebilden zusammenfügen und mit Fäden verbinden. Sie erinnern sich daran, dass Christus nicht in einem prunkvollen Palast zur Welt gekommen ist, sondern in einem Stall, der kargen Behausung von Tieren. Aber auch daran, dass über diesem Stall ein Stern aufgegangen sein soll. So strahlend und hell, dass er die Aufmerksamkeit von drei weisen Männern im Morgenland erregte, die der wundersamen Himmelserscheinung folgten, bis sie zu dem Kind in der Krippe gelangten. »Und siehe, der Stern, den sie im Morgenland gesehen hatten, ging vor ihnen hin, bis dass er kam und stand oben über, wo das Kindlein war. Da sie den Stern sahen, wurden sie hocherfreut und gingen in das Haus und fanden das Kindlein mit Maria, seiner Mutter […].«

Vielerorts ziehen heute Sternsinger in der Zeit um den Dreikönigstag am 6. Januar von Haus zu Haus und erzählen von dieser Begebenheit. Kaspar, Melchior und Balthasar tragen dann einen goldenen Stern an einem Stab mit sich und singen: »Stern über Bethlehem, / zeig uns den Weg, / führ uns zur Krippe hin, zeig, wo sie steht, / leuchte du uns voran, bis wir dort sind, / Stern über Bethlehem, führ uns zum Kind!« Mit dem Zeichen, das sie mit geweihter Kreide an die Türen schreiben, bringen sie den Segen zu den Menschen. Und die Spende, die diese ihnen geben, bekommen die Armen. So reichen die Sternsinger etwas vom Licht des Sterns weiter an die Welt, ganz im Sinne der letzten Strophe ihres Liedes: »Stern über Bethlehem, kehrn wir zurück, / steht noch der helle Schein in unserm Blick, / und was uns froh gemacht, teilen wir aus, / Stern über Bethlehem, schein auch zuhaus.«

Auch wenn Astronomen seit vielen hundert Jahren nach einer Erklärung für das Phänomen suchen, das sich in der Nacht von Christi Geburt am Himmel gezeigt haben soll, so haben sie doch noch immer keine endgültige Antwort gefunden. War es ein explodierender Stern, der das Firmament in den Schein seines Feuers tauchte? War es ein Komet, der mit seinem Schweif über dem Wunder der Geburt erstrahlte, wie es später auf vielen Gemälden zu sehen war? Waren es zwei Planeten, die so eng aneinander vorbeizogen, dass sie für das menschliche Auge zu einem einzigen hell leuchtenden Punkt verschmolzen? Möglicherweise war es ein noch erstaunlicheres Zusammentreffen von Himmelskörpern, das die weisen Männer ihre beschwerliche Reise antreten ließ. Im Jahr 2000 beschrieb ein amerikanischer Physiker es so: Die Planeten Merkur, Venus, Mars, Jupiter und Saturn standen in einer Reihe, und auch die Mondsichel war von der Erde aus zu sehen. Dann ging die Sonne auf und gesellte sich als wichtigstes Gestirn zu ihnen. Die Planeten sowie

Sonne und Mond, wie leuchtende Perlen an einer unsichtbaren Schnur aufgereiht – für die Sterndeuter der damaligen Zeit muss dies ein untrügliches Zeichen für die Geburt eines mächtigen Königs gewesen sein.

Für viele Menschen aber steht, wenn sie an den Stern von Bethlehem denken, nicht die Frage im Vordergrund, welchen wahren Kern dieses außergewöhnliche Phänomen haben mag. Für sie ist er vor allem ein wunderschönes Bild für das Unerklärliche, das sich in der Heiligen Nacht zugetragen haben soll. Ein Zeichen für das Strahlen, das von einem neugeborenen Kind ausging, zuerst für die Weisen im Morgenland, dann für alle Welt. So ist der Stern, wenn die Geburt Jesu Christi gefeiert wird, denn auch allgegenwärtig: Er schwebt über der Krippe, schmückt die Spitze des Weihnachtsbaums, und in den Tannenzweigen hängen kleine Strohsterne. Und von seiner Strahlkraft werden vielleicht selbst Menschen berührt, denen das wahre Wunder der Weihnacht fern zu sein scheint. Davon schreibt Wilhelm Busch in einem Gedicht: »Hätt einer auch fast mehr Verstand / Als wie die drei Weisen aus Morgenland / Und ließe sich dünken, er wär wohl nie / Dem Sternlein nachgereist wie sie; / Dennoch, wenn nun das Weihnachtsfest / Seine Lichtlein wonniglich scheinen lässt, / Fällt auch auf sein verständig Gesicht, / Er mag es merken oder nicht, / Ein freundlicher Strahl / Des Wundersternes von dazumal.«

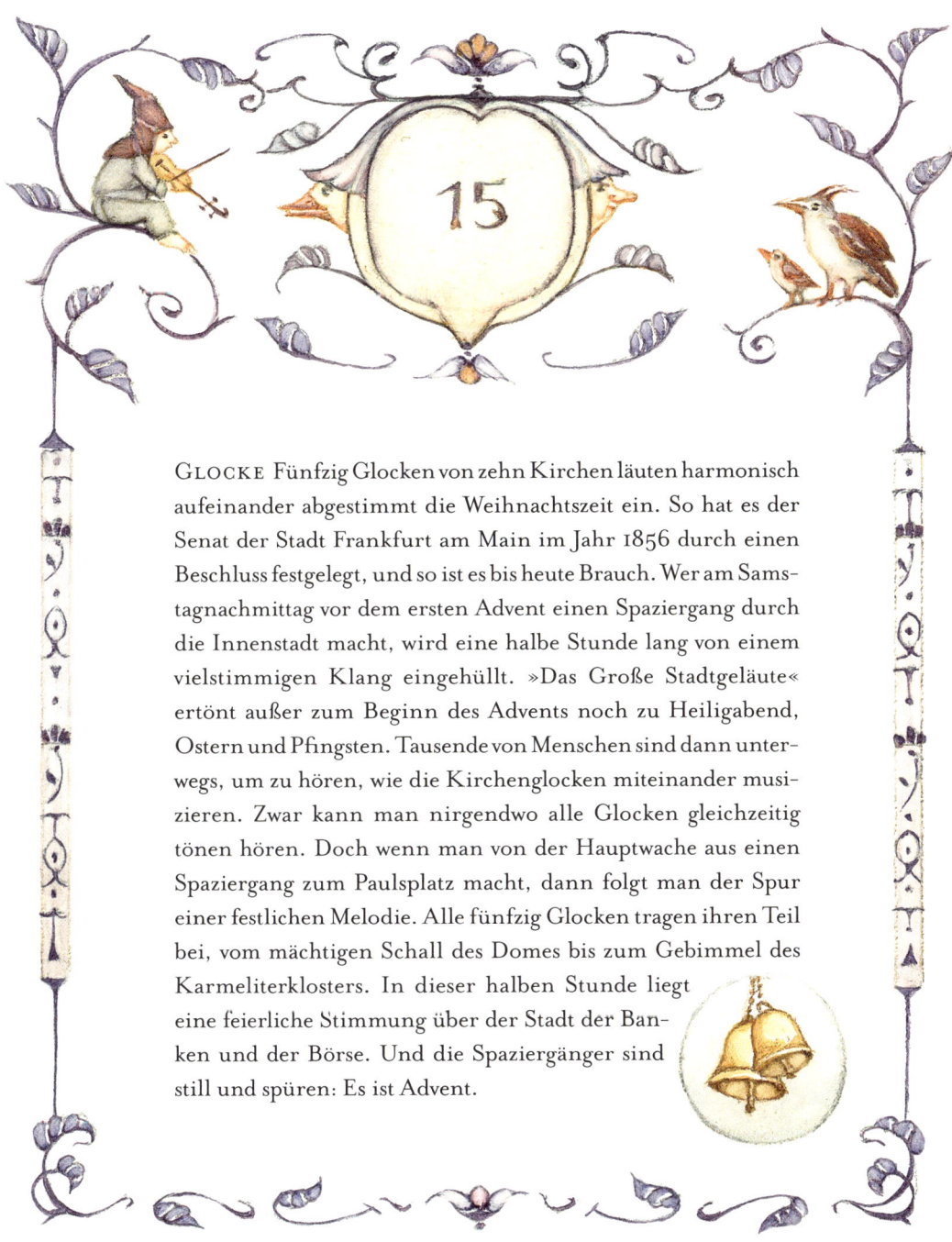

GLOCKE Fünfzig Glocken von zehn Kirchen läuten harmonisch aufeinander abgestimmt die Weihnachtszeit ein. So hat es der Senat der Stadt Frankfurt am Main im Jahr 1856 durch einen Beschluss festgelegt, und so ist es bis heute Brauch. Wer am Samstagnachmittag vor dem ersten Advent einen Spaziergang durch die Innenstadt macht, wird eine halbe Stunde lang von einem vielstimmigen Klang eingehüllt. »Das Große Stadtgeläute« ertönt außer zum Beginn des Advents noch zu Heiligabend, Ostern und Pfingsten. Tausende von Menschen sind dann unterwegs, um zu hören, wie die Kirchenglocken miteinander musizieren. Zwar kann man nirgendwo alle Glocken gleichzeitig tönen hören. Doch wenn man von der Hauptwache aus einen Spaziergang zum Paulsplatz macht, dann folgt man der Spur einer festlichen Melodie. Alle fünfzig Glocken tragen ihren Teil bei, vom mächtigen Schall des Domes bis zum Gebimmel des Karmeliterklosters. In dieser halben Stunde liegt eine feierliche Stimmung über der Stadt der Banken und der Börse. Und die Spaziergänger sind still und spüren: Es ist Advent.

Zwischen Himmel und Erde ertönt der Klang der Glocken, von Menschen erdacht und geschaffen und doch wie eine Botschaft aus einer anderen Welt. Glocken rufen, mahnen, erinnern, und sie begleiten die Christen seit Jahrhunderten durch den Tag, durch das Jahr und durch das ganze Leben. Sie warnen bei Gefahr, trösten in schweren Zeiten, verkünden Freude und Frieden. Da ist es nicht verwunderlich, dass ihre Stimmen auch dann erklingen, wenn sie gar nicht von Menschenhand geläutet werden, so wie es in vielen Sagen, Geschichten und Gedichten erzählt wird. Manche handeln von Glocken, die nicht geweiht waren und deshalb vom Teufel geraubt und tief in die Erde verbannt werden konnten. Andere berichten von Glocken, die mit ihren Kirchen, ja mit ganzen Städten untergingen. Und doch sind sie alle nicht für immer verstummt. »Aus des Meeres tiefem, tiefem Grunde / Klingen Abendglocken dumpf und matt, / Uns zu geben wunderbare Kunde / Von der schönen alten Wunderstadt«, heißt es in Wilhelm Müllers Gedicht über die versunkene Stadt Vineta.

In besonderen Nächten, vor allem aber in der Weihnachtsnacht, kann man solche Glocken hören, klagend manchmal, doch auch hoffnungsvoll und nicht für immer unerlöst. Denn in dieser Nacht haben sie eine besondere Kraft, und ihr Geläut ist segnend und heilend. Wie bei dem »Glöcklein von Innisfär« in einem Gedicht, das Friedrich Halm nach einer alten Erzählung schrieb. Da sitzt ein kleines Mädchen an einem Weihnachtsabend in Schottland allein und angstvoll am Krankenbett der Mutter. Sein Vater ist tot, und auch für die Mutter scheint keine Heilung möglich. Plötzlich ist aus der Nachbarwohnung ein Lied zu vernehmen. Es handelt vom nahegelegenen Kloster von Innisfär, das von den Sachsen zerstört wurde. Nur die Kapelle ist stehen geblieben, und in ihr hängt eine Glocke, die nicht nur schön klingt, sondern auch Wunder wirkt, wenn sie zur rechten Zeit gezogen wird: »Das Glöcklein von Innisfär! / Liegt ein Kranker darnieder schwer, / Dass er wieder euch gesunde, / In der Christnacht zwölfter Stunde / Ziehet das Glöcklein, ich rat's euch sehr, / Das Glöcklein von Innisfär.«

Das Kind nimmt all seinen Mut zusammen und läuft barfuß hinaus in die kalte, stürmische Nacht. Es rennt und stolpert und verirrt sich. Es fällt, und seine Lampe zerbricht, doch rafft es sich wieder auf und eilt weiter, nun in völliger Dunkelheit, denn es weiß ja, dass es die Kapelle vor Mitternacht erreichen muss. Mit großem Glück überquert es den See, den nur eine dünne Eisschicht bedeckt, stürmt den Klosterberg hinauf und gelangt über Schutt und Trümmer atemlos gerade noch rechtzeitig in das Kirchlein. Aber wie groß ist die Enttäuschung, als es entdeckt, dass die Glocke nicht geläutet werden kann, weil ihr Strang in einer Ecke modert und die Treppe zum Turm eingestürzt ist! Unten im Dorf beginnt es vom Kirchturm zu schlagen. Da wirft sich das Mädchen nieder und betet zum Christkind, es möge ihm nur ein paar Schläge der Wunderglocke gewähren: »Und spricht's – und heiß vom Antlitz rinnt / Ein Tränenstrom dem armen Kind. / Und als vom Dorf der zwölfte Schlag / Verkündet einen neuen Tag, / Da plötzlich regt sich's – / Da – horch! – bewegt sich's, – / Da schwingt sich's im Kreise, / Da schallt leise / Ein Schlag –

noch einer – und noch mehr – / Da läutet die Glocke von Innisfär.«

Auch wenn in der heutigen Zeit kaum noch jemand an Wunder dieser Art glaubt, so haben doch die Glocken nichts von ihrer Wucht und Wichtigkeit verloren. Noch immer ordnen sie den Alltag, noch immer rufen sie zum Gottesdienst und läuten festliche Stunden ein, und noch immer spendet ihr Klang Trost und Zuspruch. Das Leben geht weiter, scheinen sie zu sagen, gerade dann, wenn man sich das kaum noch vorstellen kann. Im Dezember 1945, als der Krieg seit einigen Monaten vorüber war, lag Deutschland in Trümmern. Vor allem große Städte wie Köln waren betroffen. Im Zentrum der Stadt ragte fast nur der Dom aus dem Schutt heraus. Da sorgte der Kölner Oberbürgermeister Konrad Adenauer am Heiligen Abend für ein kleines Wunder. Inmitten von Not, Hunger und Kälte läutete auf einmal die Sankt-Petersglocke, die größte frei schwingende Glocke der Welt, die von den Kölnern liebevoll »Dicker Pitter« genannt wird. Zwar brach die Stromversorgung für das Geläut fast unmittelbar darauf zusammen. Doch hatten die wenigen Schläge ausgereicht, um die Menschen zu ermutigen, auch in jenem Jahr Weihnachten als Fest der Hoffnung zu begehen.

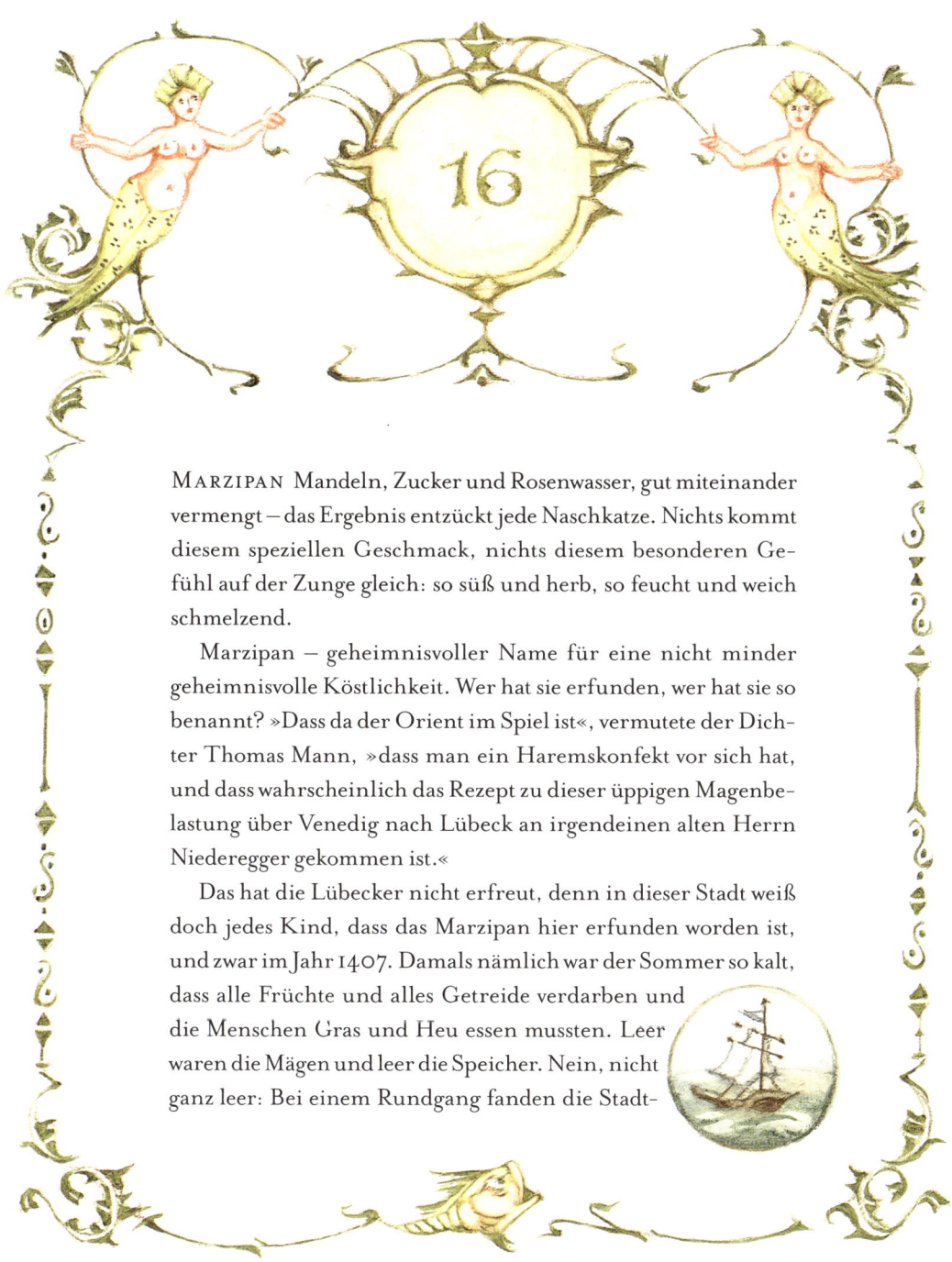

16

MARZIPAN Mandeln, Zucker und Rosenwasser, gut miteinander vermengt – das Ergebnis entzückt jede Naschkatze. Nichts kommt diesem speziellen Geschmack, nichts diesem besonderen Gefühl auf der Zunge gleich: so süß und herb, so feucht und weich schmelzend.

Marzipan – geheimnisvoller Name für eine nicht minder geheimnisvolle Köstlichkeit. Wer hat sie erfunden, wer hat sie so benannt? »Dass da der Orient im Spiel ist«, vermutete der Dichter Thomas Mann, »dass man ein Haremskonfekt vor sich hat, und dass wahrscheinlich das Rezept zu dieser üppigen Magenbelastung über Venedig nach Lübeck an irgendeinen alten Herrn Niederegger gekommen ist.«

Das hat die Lübecker nicht erfreut, denn in dieser Stadt weiß doch jedes Kind, dass das Marzipan hier erfunden worden ist, und zwar im Jahr 1407. Damals nämlich war der Sommer so kalt, dass alle Früchte und alles Getreide verdarben und die Menschen Gras und Heu essen mussten. Leer waren die Mägen und leer die Speicher. Nein, nicht ganz leer: Bei einem Rundgang fanden die Stadtväter große Mengen Mandeln und Zucker. Doch was sollte man damit anfangen? Die Bäcker begannen zu experimentieren. Beflügelt von der Aussicht auf hohe Ehren und Steuerfreiheit, gelang es einem von ihnen, aus diesen Zutaten ein Brot herzustellen – oder, genauer gesagt, ganz kleine Brötchen, die jedoch sehr sättigend waren und dazu noch so köstlich schmeckten, dass die Lübecker nicht mehr darauf verzichten mochten, auch als wieder bessere Zeiten kamen. Und weil ihr Erfinder das neue Brot am 25. April, dem Tag des heiligen Markus, fertiggestellt hatte, wurde es ihm zu Ehren »Marci panis« – Markusbrot – genannt.

Die Geschichte wird in ähnlicher Form auch in anderen Marzipanmetropolen wie Königsberg erzählt. Dadurch wird sie zwar nicht weniger schön, aber auch nicht wahrer. Denn eines weiß man heute ziemlich sicher: dass das Marzipan seinen Ursprung im Vorderen Orient hat, wo Mandelbäume gedeihen und schon vor langer Zeit Zuckerrohr kultiviert wurde. Von dort wurden diese kostbaren Zutaten auf Schiffen zu den großen Handelsstädten gebracht.

Auch seinen Namen trägt das Konfekt wahrscheinlich nicht zu Ehren des heiligen Markus. Das jedenfalls meinen die Sprachforscher, allerdings ohne genau zurückverfolgen zu können, woher das Wort Marzipan wirklich stammt. Aus dem alten Byzanz, vermuten manche. Dort gab es vor etwa tausend Jahren eine Münze namens *mauthaban*, deren eine Seite Christus auf einem

Thron sitzend zeigte. Was diese Münze mit Marzipan zu tun hat, können sie aber nicht erklären. Deshalb meinen andere, das griechische Wort *massa* – Mehlbrei – habe Pate gestanden, und wieder andere –

doch halt! Mögen die Wissenschaftler ihren Disput unter sich austragen. Freunde dieser Spezialität schätzen ihren unnachahmlichen Geschmack, auch ohne genau zu wissen, wie sie zu ihrem Namen kam.

Marzipan — süße Versuchung! Thomas Manns Wort vom »Haremskonfekt« hatte seine Berechtigung, denn immer wieder wurde der Mandelmasse nachgesagt, die Liebe zu fördern. Aber mehr noch verbindet man Marzipan mit weihnachtlichen Freuden. Ohne Marzipan, da sind sich die Genießer einig, würde dem Fest etwas Wesentliches fehlen. Vor allem von Menschen, die aus unterschiedlichen Gründen ihre Heimat verlassen mussten, weiß man, dass sie die geliebte Leckerei schmerzlich vermisst haben. Wie groß war dann die Freude, wenn ein Paket mit der ersehnten Süßigkeit eintraf, wie es in Theodor Storms Novelle *Unter dem Tannenbaum* dem Amtsrichter und seiner Familie erging. Da fand sich zuunterst in einem großen Sack ein fest vernageltes hölzernes Kistchen, das der Amtsrichter mit Hammer und Meißel aufstemmen musste. Seine Frau Ellen erkannte den Schatz als Erste: »›Ich wittere Marzipan! Setzt euch, ich werde auspacken!‹ Und mit vorsichtiger Hand langte sie ein Stück nach dem andern heraus und legte es auf den Tisch, das nun von Vater und Sohn aus dem umhüllenden Seidenpapier herausgewickelt wurde.« Welche Kostbarkeiten förderte sie zutage, nicht nur aus Marzipan, sondern auch aus allerlei anderem Zuckerzeug. Himbeeren und Erdbeeren, Hornissen und Hummeln, einen großen Hirschkäfer und ein ganzes Nest mit Jungvögeln. Und dann, als die Kiste schon fast leer war, kam noch ein Waldbewohner zum Vorschein,

»ein Eichhörnchen von Marzipan, in halber Lebensgröße, mit erhobenem Schweif und klugen Augen«.

Tatsächlich gibt es kaum etwas, das nicht schon aus Marzipan geformt worden wäre, von der kakaobestäubten kleinen Kartoffel bis zu den lebensgroßen Abbildern von Persönlichkeiten, die sich um das Marzipan verdient gemacht haben; solche Marzipanfiguren kann man sich im Museum des Lübecker Niederegger-Cafés ansehen. Zudem gibt es dutzende von raffinierten Ideen, um das Konfekt noch köstlicher und verführerischer schmecken zu lassen. Zwar werden Marzipanbrote heute nicht mehr mit Blattgold verkleidet, wie es früher als Geschenk für Personen von Rang üblich war. Aber sie werden mit Schokolade überzogen. Welch eine Lust ist es, durch den angenehm bitteren Mantel zu der weichen Süße vorzudringen!

Mit Nougat sind die Mozartkugeln gefüllt, die nach dem berühmtesten Komponisten der Welt benannt wurden. Und mit drei Mandeln besetzt und leicht gebacken, erinnern die Bethmännchen an drei junge Frankfurter, die ihre Berühmtheit allein dieser Spezialität verdanken: Moritz, Alexander und Karl Bethmann. Das zarte Weihnachtsgebäck wurde im Hause ihres Vaters, des Bankiers und Stadtrates Simon Moritz von Bethmann, kreiert. Ursprünglich soll jedes Bethmännchen mit vier Mandeln besetzt gewesen sein – bis zum frühen Tod des vierten Sohnes Heinrich. Nicht ganz sicher ist, ob der Vater das Rezept aus Frankreich mitgebracht oder der Pariser Koch der Familie es erfunden hat. Aber was ist beim Marzipan schon sicher? Nur eines weiß man ganz genau: Je frischer es ist, desto besser schmeckt es.

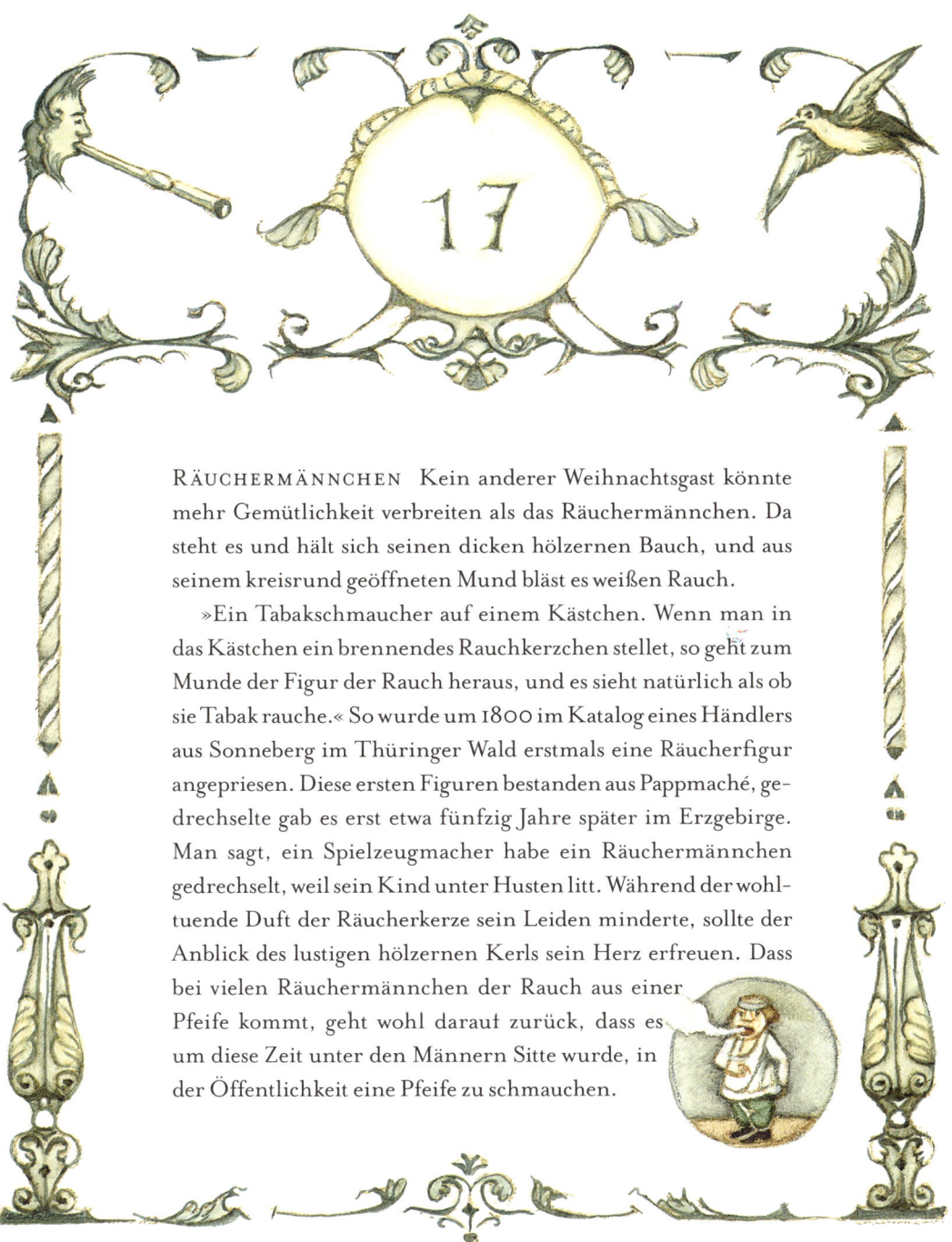

17

RÄUCHERMÄNNCHEN Kein anderer Weihnachtsgast könnte mehr Gemütlichkeit verbreiten als das Räuchermännchen. Da steht es und hält sich seinen dicken hölzernen Bauch, und aus seinem kreisrund geöffneten Mund bläst es weißen Rauch.

»Ein Tabakschmaucher auf einem Kästchen. Wenn man in das Kästchen ein brennendes Rauchkerzchen stellet, so geht zum Munde der Figur der Rauch heraus, und es sieht natürlich als ob sie Tabak rauche.« So wurde um 1800 im Katalog eines Händlers aus Sonneberg im Thüringer Wald erstmals eine Räucherfigur angepriesen. Diese ersten Figuren bestanden aus Pappmaché, gedrechselte gab es erst etwa fünfzig Jahre später im Erzgebirge. Man sagt, ein Spielzeugmacher habe ein Räuchermännchen gedrechselt, weil sein Kind unter Husten litt. Während der wohltuende Duft der Räucherkerze sein Leiden minderte, sollte der Anblick des lustigen hölzernen Kerls sein Herz erfreuen. Dass bei vielen Räuchermännchen der Rauch aus einer Pfeife kommt, geht wohl darauf zurück, dass es um diese Zeit unter den Männern Sitte wurde, in der Öffentlichkeit eine Pfeife zu schmauchen.

Überhaupt war das »Raachermannl«, wie die Erzgebirger es nennen, immer ein Abbild seiner Zeit. Allen voran stand der »Rastelbinder« rauchend seinen Mann. Diese Warenhändler, die oft aus Kroatien oder der Slowakei stammten, waren mit ihren Töpfen, Kuchenformen und Mausefallen in den Dörfern häufige Besucher. Ebenso gern wurden rauchende Türken aus Holz geformt, auch wenn keiner sagen kann, wie sie unter die Erzgebirger gekommen sein könnten. Wegen des türkischen Tabaks vielleicht oder des türkischen Honigs, einer beliebten Schleckerei auf den Weihnachtsmärkten? Der Räuchertürke trug meist einen roten Mantel, gelbe Pluderhosen und einen weißen Turban. Diesen Figuren zur Seite stand und steht eine große Zahl von anderen, wie sie in jedem Dorf zuhause waren: der Förster und der Waldarbeiter, der Hausierer und der Nachtwächter, der Metzger, der Koch, der Schornsteinfeger und der Schulmeister, die Klöpplerin und die Hausmutter mit einer Schüssel dampfender Klöße in der Hand. Selbst Petrus am Himmelstor schmaucht gemütlich vor sich hin, ebenso wie Wilhelm Buschs Lehrer Lämpel und der Hauptmann von Köpenick.

Wen auch immer die Räucherfiguren darstellen – ohne sie wäre die Weihnachtszeit nur halb so behaglich. Schwerer, würziger Duft erfüllt das ganze Zimmer. Tanne, Wacholder und Sandelholz – die kleinen Räucherkerzchen gibt es in großer Auswahl. Die ältesten aller Räucherdüfte aber sind Weihrauch und  Myrrhe. Dies waren – neben Gold – die Gaben der drei weisen Männer, die aus dem Morgenland kamen, um den Messias zu sehen. Was sie fanden, war ein Kind: »Und fielen nieder und beteten es an und taten ihre Schätze auf und schenkten ihm Gold und Weihrauch und Myrrhe.« Drei Gelehrte – Könige, wie oft gesagt wird – brachten das Wertvollste mit, was es in jener Zeit zu verschenken gab, Kostbarkeiten, die einem König angemessen waren. So groß war die Bedeutung des Weihrauchs für die Menschen, dass eine der ältesten Transportrouten der Welt nach ihm benannt wurde: die Weihrauchstraße. Der Rauch dieser Harze, die auf glühenden Kohlen verbrannt wurden, verbreitete den Duft des Himmels. Als Opfer für die Götter entzündeten schon Ägypter, Griechen und Römer das wohlriechende Rauchwerk. Und auch für die Christen war es bald ein fester Bestandteil ihrer Zeremonien: als Zeichen der Verehrung, als Ritual der Reinigung und als Symbol für das Gebet, das aufsteigt zu Gott. Wer sich vor bösen Geistern schützen wollte, der holte den Priester, der mit dem Rauchfass durch Haus und Hof ging und den Rauch in alle Winkel schwenkte. Gerade in der Weihnachtszeit war dies ein üblicher Brauch, um das Haus bereitzumachen für die Ankunft Christi.

Rezepturen für Räucherpulver, die ins Feuer gegeben oder auf glühenden Kohlen verschwelt wurden, hüteten bis ins 19. Jahrhundert hinein die Apotheker: wider die Pest, die Rose, gegen Zahnschmerzen, schweres Gehör oder gar gegen »Zauberey«. Vermutlich war es auch ein Apotheker, der die Räucherkerzchen erfand. »Diese geben einen sehr angenehmen Rauch, der nicht nur die Luft reiniget, sondern auch das Gehirne, Hertz und die Lebensgeister erquicket und stärket«, heißt es in einer Enzyklopädie aus dem Jahr 1741.

Erzählt wird, dass die Räucherkerzchen im Erz-

gebirge erfunden wurden, der Gegend, die von ihren Bewohnern gern als »Weihnachtsland« bezeichnet wird. In Heimarbeit wurden sie von einigen Familien hergestellt, die so ihr karges Einkommen aufzubessern suchten. Kam der Vater nachhause, ging er gleich weiter in den Stall, denn seine Arbeit war viel zu schmutzig, um sie in der »Hutzenstube«, der guten Stube, auszuführen. Mit der bloßen Hand knetete er die Zutaten zusammen: Holzkohlenpulver, damit das Kerzchen von alleine brennt, Stärke, um die Zutaten zu binden, exotische Harze, Gewürze oder Rinden für den besonderen Duft. Mit schwarzen Fingern und verstaubtem Gesicht kam er zurück in die Stube. Dann wurde auf dem Küchentisch der Teig ausgerollt und geschnitten, und die Kinder formten mit ihren geschickten Fingern die kleinen und großen Kegel. Über Nacht wurden die Kerzchen auf einem Holzrost über dem Herd getrocknet.

Unscheinbar sehen die kleinen roten oder schwarzen Hütchen aus. Und auch die Räuchermännchen drängen sich nicht in den Mittelpunkt. Die farbenfrohen Figuren haben ihren Platz am Rande des weihnachtlichen Geschehens. Doch wenn die Kerzchen in ihren Bäuchen verbrennen, dann zieht mit den feinen weißen Rauchschwaden und dem Aroma von Weihrauch oder Myrrhe stets auch der Duft des Himmels durchs Zimmer – und ein Hauch von der Weihnachtsgeschichte.

ENGEL Der Maler Raffael, so wird erzählt, soll eine himmlische Vision gehabt haben. Ihm sei im Traum ein Bild erschienen, das er danach auf Leinwand bannte. Das Gemälde zeigt die Sixtinische Madonna. Aufrecht steht sie in der Mitte, ihr Kind auf dem Arm. Neben ihr knien ein Mann und eine Frau, Papst Sixtus II. und die heilige Barbara. Zu Füßen Marias aber sind zwei weitere Figuren zu sehen. Diese beiden haben es zu weit größerer Berühmtheit gebracht als die anderen: Es sind zwei Engel. Raffaels geflügelte Knaben mit dem nachdenklichen Ausdruck in ihren kindlichen Gesichtern stützen sich auf eine Brüstung am unteren Bildrand. Auf den ersten Blick scheinen sie nicht recht in die Komposition des Gemäldes zu passen, sie wirken fast zu klein und zu niedlich für eine so gewichtige Szene. Wer aber genauer hinschaut, erkennt, dass die beiden Putten im Vordergrund nicht allein sind. Der ganze Raum hinter Maria wird nicht, wie es zunächst aussieht, von Wolken ausgefüllt, sondern von einem beinah durchsichtig scheinenden Chor aus Engelsköpfen.

Engel sind überall. Sie waren es schon lange vor

Christi Geburt. Von Anfang an haben sie Gott gedient wie ein Hofstaat, haben als Boten sein Wort zu den Menschen getragen. So sind sie auch zu ihrem Namen gekommen, denn *angelus* heißt im Lateinischen nichts anderes als »Bote«. War es nicht auch ein Engel des Herrn, der die Nachricht von der nahen Geburt des Gottessohnes auf die Erde brachte? Gabriel, einer der drei Erzengel, wurde in die Stadt Nazareth zu der Jungfrau Maria geschickt. Er, dessen Name »Mann Gottes« bedeutet, erschien, um einen Neuanfang zu verkünden. Die Geburt eines kleinen Kindes, das Großes vollbringen werde. Der Engel trat zu Maria und sprach: »Gegrüßet seist du, Hochbegnadete! Der Herr ist mit dir!« Sie aber erschrak über seine Worte und fragte sich, was der Gruß zu bedeuten habe. Da sagte Gabriel zu ihr: »Fürchte dich nicht, Maria, du hast Gnade bei Gott gefunden. Siehe, du wirst schwanger werden und einen Sohn gebären, des Namens sollst du Jesus heißen. Der wird groß sein und ein Sohn des Höchsten genannt werden; und Gott der Herr wird ihm den Thron seines Vaters David geben, und er wird ein König sein über das Haus Jakob ewiglich, und seines Reichs wird kein Ende sein.«

Dieser Engel, der zu Maria trat, um ihr die frohe Botschaft zu überbringen, hatte in seiner Erscheinung wenig gemein mit den niedlichen Putten, die wir heute meist vor uns sehen, wenn wir an Engel denken. Ehrfurchtgebietend muss man ihn sich vorstellen. Ein großes Wesen, wohl in der Gestalt eines Mannes, mit mächtigen Flügeln, so zumindest zeigen ihn die zahlreichen Gemälde, zu denen die Verkündigungsszene inspiriert hat. Die Jungfrau Maria

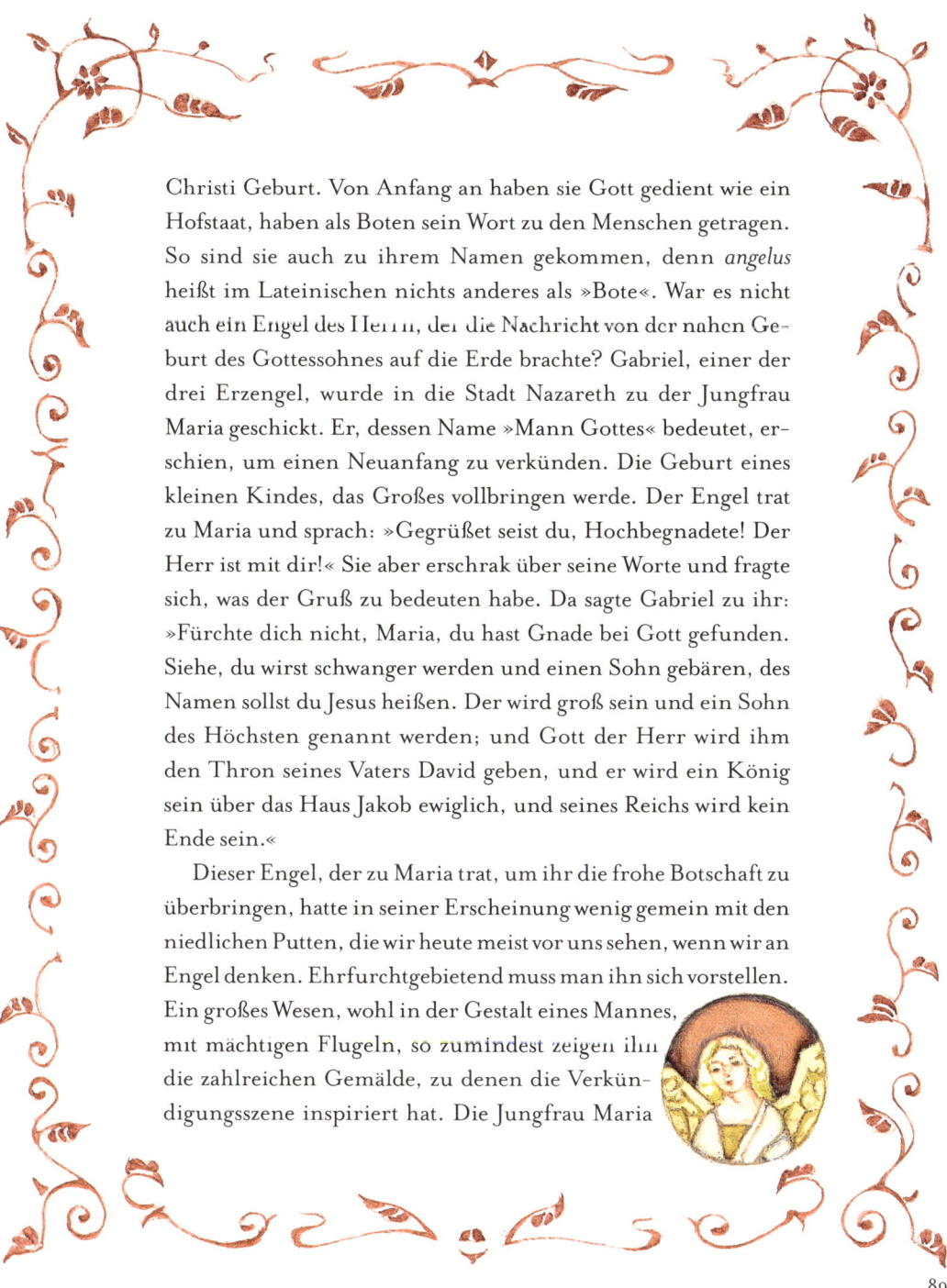

sieht darauf stets ein wenig ängstlich aus, eingeschüchtert von der überirdischen Erscheinung wie vielleicht auch von deren Worten.

»Fürchtet euch nicht!« Das rief der Engel auch den Hirten zu, als er ihnen die Nachricht von der Geburt Jesu Christi verkündete. Der große Augenblick, den wir bis heute mit dem Weihnachtsfest feiern, war endlich gekommen. Und bis heute erinnern wir uns an die frohe Botschaft des Engels, wenn wir das Lied anstimmen: »Vom Himmel hoch, da komm ich her. / Ich bring euch gute neue Mär, / Der guten Mär bring ich so viel, / Davon ich singn und sagen will. / Euch ist ein Kindlein heut geborn / Von einer Jungfrau auserkorn, / Ein Kindelein, so zart und fein, / Das soll eu'r Freud und Wonne sein.« So bedeutend war dieser Moment, dass auch der Himmel ihn gebührend feiern wollte, und so sammelte sich um den Engel alsbald die Menge der himmlischen Heerscharen. »Engel auf den Feldern singen, / stimmen an ein himmlisch Lied, / und im Widerhall erklingen / auch die Berge jauchzend mit. / Gloria in excelsis deo.« — »Ehre sei Gott in der Höhe und Friede auf Erden und den Menschen ein Wohlgefallen.«

Engel sind überall. »Vieltausendmal tausend« ist ihre Zahl, so steht es in der Offenbarung des Johannes. Und der Volksmund sagt, auf einen Menschen kommen neunundneunzig Engel. Doch welche Gestalt sie haben, das vermag niemand genau zu 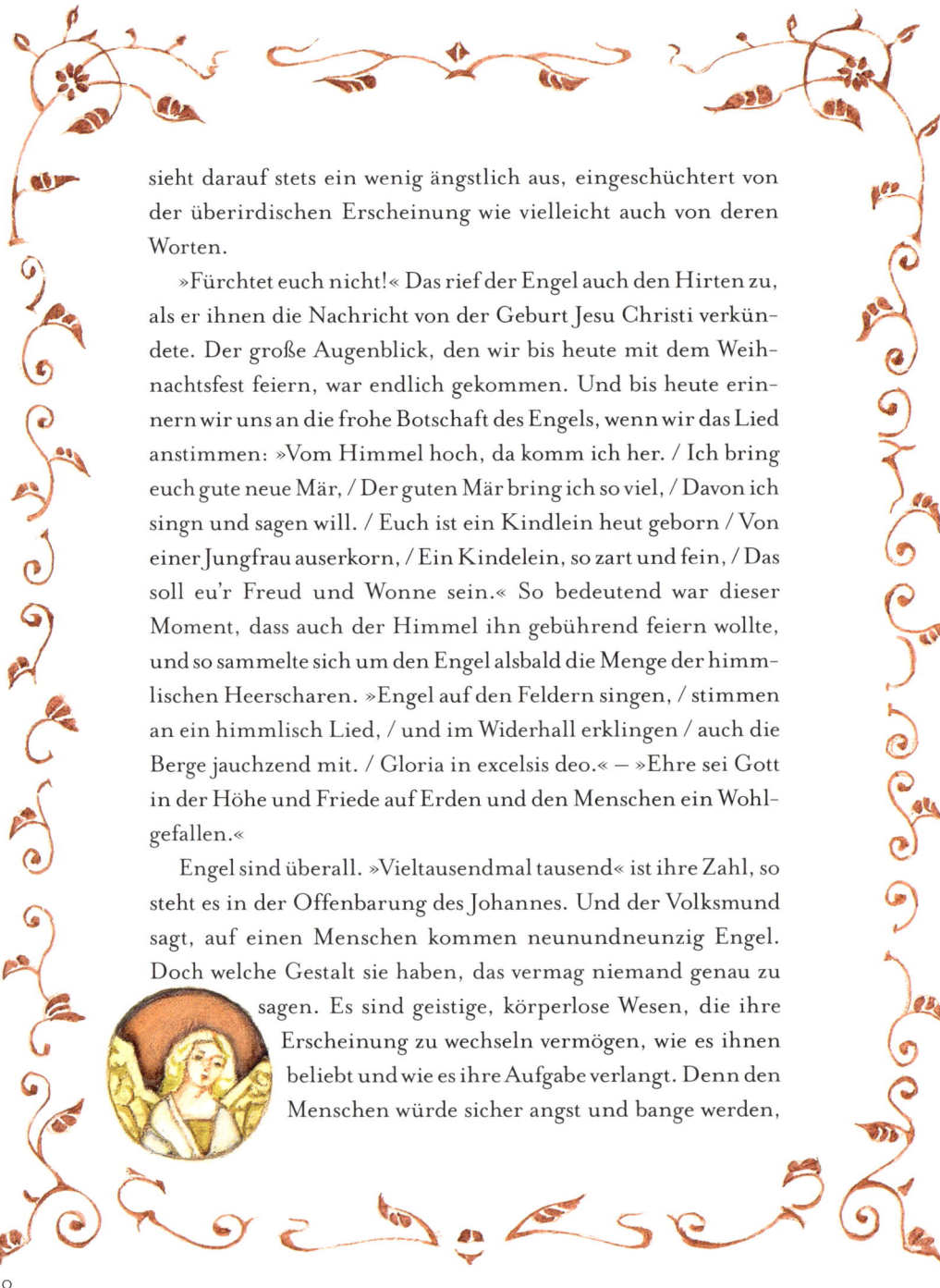 sagen. Es sind geistige, körperlose Wesen, die ihre Erscheinung zu wechseln vermögen, wie es ihnen beliebt und wie es ihre Aufgabe verlangt. Denn den Menschen würde sicher angst und bange werden, wenn die Engel immer so erschienen, wie sie vom Propheten Hesekiel einst beschrieben worden sind, als Gestalten, »die waren anzusehen wie Menschen. Und jede von ihnen hatte vier Angesichter und vier Flügel. Und ihre Beine standen gerade, und ihre Füße waren wie Stierfüße und glänzten wie blinkendes, glattes Kupfer. Und sie hatten Menschenhände unter ihren Flügeln an ihren vier Seiten; die vier hatten Angesichter und Flügel. Ihre Flügel berührten einer den anderen. Und wenn sie gingen, brauchten sie sich nicht umzuwenden; immer gingen sie in der Richtung eines ihrer Angesichter.«

Engel sind überall. Es gibt sie nicht nur im Christentum. Jede Kultur hat sich ihr eigenes Bild von ihnen gemacht. Geflügelte Wesen mit Tierköpfen bewachten die Tempel im Zweistromland. Als anmutiger Jüngling mit Flügelhut überbrachte der Götterbote Hermes den alten Griechen Botschaften. Als strahlende Lichtgestalten in langen weißen Gewändern sahen die Künstler die Himmlischen im christlichen Mittelalter; als Ritter mit Schwert und Feuer wurden sie später dargestellt und schließlich als dicke kleine Kinder. Doch ganz gleich, in welcher Gestalt die Menschen sie sich vorgestellt oder gesehen haben, viele glauben an ihre Existenz so fest wie eh und je. Sie sind sich sicher, dass Engel sie von der Geburt bis zum Tod begleiten, wie ein Psalm es verspricht: »Es wird dir kein Übel begegnen, / und keine Plage wird sich deinem Hause nahen. / Denn er hat seinen Engeln befohlen, / dass sie dich behüten auf allen deinen Wegen, / dass sie dich auf den Handen tragen / und du deinen Fuß nicht an einen Stein stoßest.«

Zu denen, die die Existenz ihres Schutzengels

erfahren haben, gehört Papst Pius IX. Er erzählte gern von einem Erlebnis in seiner Jugendzeit Anfang des 19. Jahrhunderts: Da kniete er einmal bei der heiligen Messe, der er als Messdiener beiwohnte, während des Hochgebetes auf der untersten Stufe vor dem Altar, als ihm plötzlich angstvoll zumute wurde. Hilfesuchend blickte er zur anderen Seite des Altars. Dort stand ein Jüngling und bedeutete ihm durch heftiges Winken, er solle zu ihm herüberkommen. Erst wagte er nicht, der Aufforderung zu folgen. Doch als der Jüngling immer heftiger winkte, sprang er auf und eilte hinüber. Im selben Augenblick verschwand die Erscheinung, und eine schwere Heiligenfigur stürzte vom Altar herab, geradewegs auf die Stelle, wo er zuvor gekniet hatte.

Eine Hand, die uns im letzten Moment zurückzieht, bevor wir auf die Straße und vor ein Auto stolpern. Eine Kraft, die uns auffängt, wenn wir auf einer Treppe ins Straucheln geraten. Ein Ruf, der uns innehalten lässt, wenn wir die falsche Richtung eingeschlagen haben: Schutzengel sind überall. »Es müssen nicht Männer mit Flügeln sein, / die Engel«, dichtete Rudolf Otto Wiemer. »Sie gehen leise, sie müssen nicht schrein, / oft sind sie alt und hässlich und klein, / die Engel. / Sie haben kein Schwert, kein weißes Gewand, / die Engel. / Vielleicht ist einer, der gibt dir die Hand, / oder er wohnt neben dir, Wand an Wand, / der Engel.«

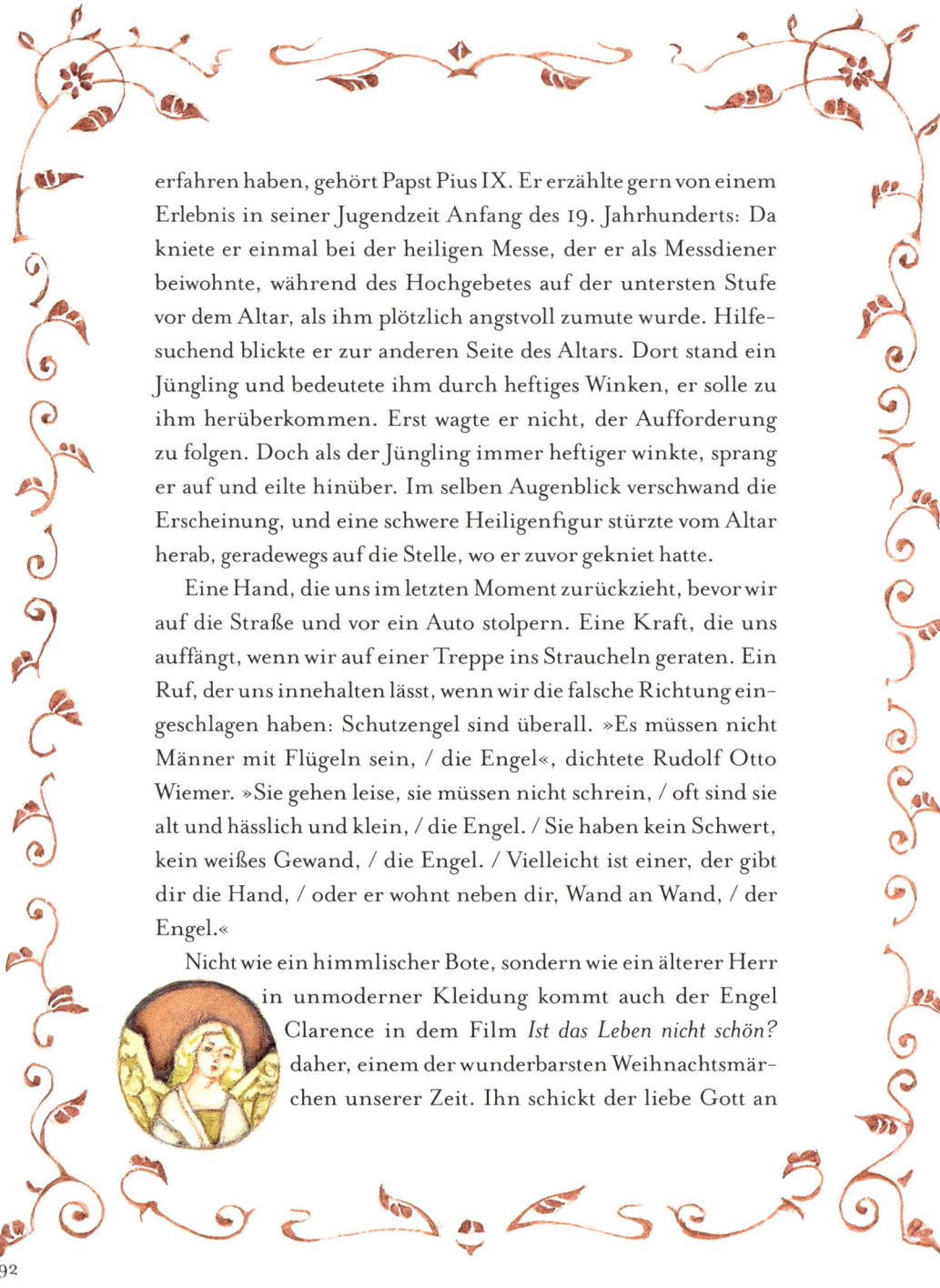

Nicht wie ein himmlischer Bote, sondern wie ein älterer Herr in unmoderner Kleidung kommt auch der Engel Clarence in dem Film *Ist das Leben nicht schön?* daher, einem der wunderbarsten Weihnachtsmärchen unserer Zeit. Ihn schickt der liebe Gott an

Heiligabend zur Erde, um George Bailey zu retten. George hat Zeit seines Lebens seine eigenen Wünsche zurückgestellt, um den Familienbetrieb, die Bausparkasse Building and Loan, am Laufen zu halten. Nun muss er ausgerechnet kurz vor dem Weihnachtsfest erleben, dass ihr der Bankrott droht. Außer sich vor Verzweiflung spielt George mit dem Gedanken, sich von einer Brücke zu stürzen. Doch Engel Clarence kommt ihm zuvor und springt selbst in die Fluten. George folgt ihm, um den vermeintlich Lebensmüden aus dem Wasser zu ziehen. Als die erste Gefahr vorüber ist, steht der Engel vor der noch schwierigeren Aufgabe, George neuen Lebensmut einzuflößen. »Ich wünschte, ich wäre nie geboren worden«, klagt George, und das bringt Clarence auf eine Idee. Er zeigt dem Verzweifelten, wie seine Heimatstadt Bedford Falls ohne ihn aussähe: ärmer, liebloser, dem raffgierigen Mr Potter ausgeliefert. »Nein«, ruft George, »ich will leben!« Glücklich kehrt er heim zu seiner Familie, wo ihn das größte Wunder erwartet: All seine Freunde haben für ihn gesammelt, und die Summe ist mehr als ausreichend zur Rettung seines Betriebes. Ja, das Leben ist schön. Und als am Weihnachtsbaum ein Glöckchen läutet, weiß George seiner kleinen Tochter noch etwas Wunderbares zu verraten: Immer, wenn ein Glöckchen klingelt, bekommt ein Engel seine Flügel.

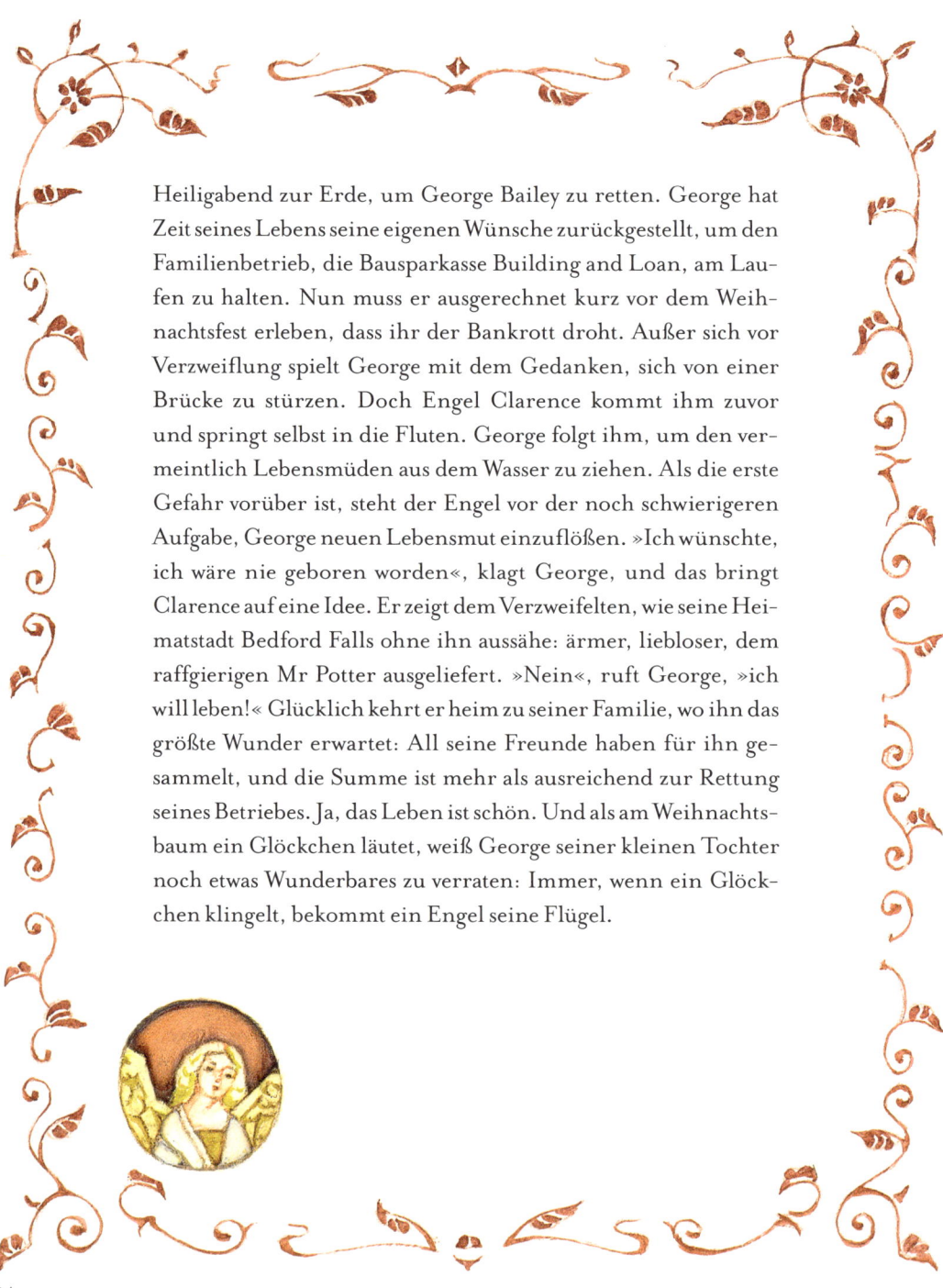

CHRISTBAUMKUGEL Oben auf dem Dachboden steht eine große Schachtel. Schon von außen sieht man ihr an, dass sie etwas Besonderes enthält. Sie ist mit grünem Papier und goldenen Sternen beklebt, keine andere Schachtel sieht so festlich aus wie diese. Die meiste Zeit des Jahres liegt sie unbeachtet zwischen den anderen Kartons, doch kurz vor Heiligabend steigt die Mutter oder der Vater auf den Speicher hinauf, pustet kräftig die dünne Staubschicht von ihrem Deckel und trägt sie hinunter ins Weihnachtszimmer. In Zeitungspapier sicher verpackt liegen darin dicht an dicht die Christbaumkugeln. Und wenn man den Deckel hebt und sich der Schein einer Adventskerze in den zarten Gebilden aus Glas widerspiegelt, dann gibt ihr Funkeln einen Vorgeschmack auf die Pracht, die sie am Weihnachtsbaum entfalten werden.

Ein armer Glasbläser aus dem kleinen Glasbläserort Lauscha in Thüringen, so erzählt man sich, kam als Erster auf die Idee, Christbaumschmuck aus Glas anzufertigen. Denn ihm fehlte das Geld, um den Tannenbaum mit Äpfeln und Nüssen zu behängen, wie es zu der Zeit Brauch war, und seinen Kinder auf diese Weise eine Freude zu bereiten. Deshalb behalf er sich mit Glas, aus dem er den essbaren Baumschmuck nachbildete. Ob diese Geschichte so stimmt? Wer weiß das schon. Immerhin hätte der arme Glasbläser erst einmal das Geld aufbringen müssen, um die Glasrohlinge zu erwerben. Eine andere Erklärung lautet: Als die Glasbläser ihre Halsketten aus wachsgefüllten Glaskügelchen nicht mehr loswurden, weil die Damenmode keine unechten Perlen mehr verlangte, bliesen sie die Perlen zur Größe von Äpfeln auf und hängten sie an den Weihnachtsbaum.

Unzweifelhaft aber ist, dass im Spielwaren-Musterbuch der Sonneberger Verleger, die die Produkte aus Lauscha verkauften, im Jahr 1831 erstmalig kleine Früchte und Nüsse aus buntem Glas abgebildet sind. Und 1848 ist im Auftragsbuch eines Glasbläsers dann zum ersten Mal ein Auftrag über sechs Dutzend »Weihnachtskugeln« in verschiedenen Größen vermerkt. Fortan erfreuten sich die bunten Kugeln Jahr für Jahr zunehmender Beliebtheit.

»Wenn man am Abend, von der Spielwarenstadt Sonneberg kommend, mit der Bahn in gemächlichem Tempo das immer enger werdende Steinachtal hinansteigt und sich […] der Endstation Lauscha nähert, so kann man schon in den ersten Häusern der lang im Thale hingestreckten Ortschaft einen oder mehrere bläuliche Lichtpunkte beobachten, die man bald wie Glühwürmchen über das ganze Dorf verstreut findet.« Es sind die Gasflammen der Glasbläser, die ein Reisender in seinem Bericht vom Ende des 19. Jahrhunderts beschreibt. In Lauscha, dem kleinen Ort im Thüringer Wald, saßen in fast jedem Haus der Vater und die Söhne bis spät in die Nacht gemeinsam über den Bläsertisch gebeugt und formten mit der Kraft ihres Atems und der Geschicklichkeit ihrer Hände feinste Glaskugeln. Über tausend Grad heiß war die Flamme, in der die Heimarbeiter die glatten Rohlinge bis zum Glühen erhitzten. Zähflüssig wie Honig wird dabei das Material – dies ist der Moment, auf den der Glasbläser gewartet hat. Er setzt den offenen Spieß des Rohlings an seine Lippen und bläst. Und am anderen Ende entsteht eine perfekte runde Kugel.

Fast bis zur Decke stapeln sich in den wenigen verbliebenen Familienbetrieben in der Saison auch heute noch die Kisten mit Christbaumschmuck. Auf Holzborden kühlen die fertigen Kugeln aus, und in den Händen der Frauen und Töchter werden sie zu den glitzernden Wunderwerken, die zu Weihnachten die Bäume zieren. Mit einer Silbersalzlösung verspiegeln sie die Glaskörper von innen. Mit feinen Pinselstrichen tragen sie die schönsten Winterlandschaften, Sterne und Ornamente auf die glatte Oberfläche auf, tauchen die hauchzarten Kunstwerke in Glitter oder umspinnen sie mit glänzendem leonischem Draht. Will der Glasbläser einen Engel schaffen, der aus den Zweigen lugt, einen Vogel, der auf einem Ast wippt, oder ein paar Früchte, die zum Anbeißen ausschauen, dann nimmt er eine Form zu Hilfe, die sich wie eine Zuckerzange öffnen und schließen lässt.

Der amerikanische Kaufhausmagnat Wool-worth war hingerissen von den Lauschaer Glaskugeln, so erzählt man, und machte sie in den 1890er Jahren in den USA zum Importschlager. Bis zu fünftausend verschiedene Formen entwickelten die Lauschaer Glasbläser in den Jahren bis zum Zweiten Weltkrieg. Mit der Zeit veränderte sich das Erscheinungsbild des zerbrechlichen Schmucks: Mal schaute das strenge Antlitz des Kaisers von den Kugeln herab, mal wurden U-Boote und Zeppeline aus dem gefügigen Material geformt, dann prägten die Nationalsozialisten ihre Symbole hinein. Zu Zeiten des Wirtschaftswunders in den fünfziger Jahren kam der Schmuck besonders prunkvoll daher, später herrschte an den Bäumen edle Schlichtheit. Heutzutage schimmern die Kugeln in allen Farben, und jedes Jahr werden neue Trends kreiert, längst nicht mehr nur in Lauscha.

Unbeeindruckt vom Zeitgeschehen und von jeder Mode hüten viele Familien in den Kartons auf ihrem Dachboden einen Schatz aus vergangenen Weihnachtstagen. Schlichte Kugeln sind es oft, nicht übermäßig groß, vielleicht mit ein paar Sternen oder Eiskristallen verziert. Und doch werden sie mehr geschätzt als alle edlen Kreationen aus neuerer Zeit, denn ihr Wert liegt in ihrer Geschichte: Schon die Großeltern oder gar Urgroßeltern nahmen die hauchdünnen Glasgebilde Jahr für Jahr aus ihrem weichen Bett, behutsam, damit bloß keine von ihnen zerbrach. Und in den Zweigen des Tannenbaums haben die Kugeln viele, viele Weihnachtsfeste begleitet, die glücklichen und auch die traurigen. Wenn dann an Heiligabend die Kerzen angezündet werden, dann werfen die Kugeln ihren Schein hundertfach zurück, so dass das ganze Zimmer in ihrem Glanz erstrahlt.

WEIHNACHTSPYRAMIDE Lautlos dreht sich das Flügelrad der Pyramide, vom warmen Hauch brennender Kerzen unmerklich angetrieben. Geheimnisvoll huschen die Schatten an der Decke durcheinander. Im Lichtschein ziehen die Figuren am Betrachter vorbei. Maria und Josef erkennt man gleich, in ihren Armen hält die Mutter das neugeborene Kind. Ihnen folgen die Hirten, einfache Männer in schlichten Mänteln. Um sie herum laufen die Schafe, ihr Fell – aus Holz gehobelte Löckchen – sieht überraschend weich und wollig aus. Dahinter die Heiligen Drei Könige. Sie halten die Geschenke für das Jesuskind in ihren Händen, und auch ihre Kamele sind schwer bepackt. Auf ihrem langen Weg zur Krippe bleiben sie stets in Bewegung.

Für die anderen Etagen der Lichterpyramide haben die Schöpfer dieser hölzernen Kunstwerke Szenen aus ihrem Alltag nachgebildet. Da ist der Bäcker mit seinem mehligen Kittel und einem Laib Brot im Arm, der Gastwirt mit seiner Schürze und zwei Bechern in der Hand, der Metzger mit frischen Würsten, der Zimmermann in seiner Tracht und der Bauer mit der Heugabel. Eine

Winterlandschaft gibt es zu entdecken, rodelnde Kinder, ein Mann auf Skiern, verschneite Bäume und Fachwerkhäuschen. Im Wald verstecken sich Rehe, legt ein Jäger auf einen Fuchs an, ist eine Pilzsammlerin unterwegs. Und in der guten Stube sitzt ein altes Ehepaar am Tisch, auf dem eine winzige Weihnachtspyramide steht: Die erzgebirgische Pyramide umschließt mit ihren Stockwerken die ganze Welt.

Eines der beliebtesten Motive aber ist der Bergbau. Da sind dann ganze Bergwerke dargestellt: Arbeiter beim Klopfen im Gestein, Karren vor sich herschiebend, schwere Brocken hebend, oder auch in Festtagsuniform bei der Parade. Einst war es das kostbare Erz im Gestein, das die Leute in diese bergige Gegend zog. Die Kunde von den reichen Erzvorkommen ging im 15. Jahrhundert um, und die Menschen folgten dem Ruf – das »Große Berggeschrey« erklang. Lange hatten sie durch Silber, Zinn und Kupfer ihr Auskommen. Man stellt sich gern vor, wie der Bergmann am Abend daheim mit der Familie zusammensaß, ein Stück Holz in den groben Händen, aus dem er mit einem Schnitzmesser die feinsten Figuren herausschälte. Das Bild mag in manchem Fall der Wahrheit entsprechen, doch die Fertigung von Holzspielzeug und Weihnachtsschmuck wurde wohl nicht so sehr aus einem feierabendlichen Vergnügen geboren als vielmehr aus der Not. Denn nach dem Dreißigjährigen Krieg setzte der Niedergang des Bergbaus im Erzgebirge ein, und manch einer konnte sich und seine Familie von dem Geld, das er unter Tage verdiente, nur noch mehr schlecht als recht ernähren. So begannen die Frauen, feine Spitzen zu klöppeln, und die Männer nahmen das Holz, das es im Erzgebirge im Überfluss gab, und schnitzten und drechselten – zunächst, um sich ein Zubrot zu verdienen, und später als Hauptbeschäftigung.

Wer um 1800 die ersten Weihnachtspyramiden geschaffen hat, darüber gibt es nur Vermutungen. Bekannt ist, dass schon früher in vielen Teilen Deutschlands Lichtergestelle für die Weihnachtszeit errichtet wurden: vier oder fünf Holzstangen, oben zusammengebunden, mit Buchsbaumzweigen umwickelt und mit Kerzen besteckt. In der Lausitz gab es den Pyramidenleuchter, in Thüringen den Reifenbaum und in Bayern den Klausenbaum, bei dem Stäbe in Äpfel gesteckt wurden. Sie mögen als Vorbilder für die erzgebirgische Weihnachtspyramide gelten, die jene dank dem Geschick und der Phantasie der Erzgebirger allerdings weit hinter sich ließ. Denn noch bevor die erste Pyramide ihre Flügel im Kerzenlicht drehte, hatten Bastler und Tüftler dort mechanische Bergbaumodelle entwickelt, auf denen – betätigte man eine Kurbel oder zog ein Uhrwerk auf – die Arbeitswelt der Bergleute in Bewegung geriet. Zwei solche mannshohen Schaubergwerke gab es anlässlich einer Bergparade zu Ehren von Kurfürst August dem Starken im Jahr 1719 zu bestaunen: »Das in Spiralen nach der Spitze aufstrebende Stufwerk der ersten Pyramide ist reich mit bergmännischen Arbeitsszenen besetzt. Bergmannsfiguren erscheinen […] beim Rutengehen, beim Fördern mit dem Karren, am Haspel, vor Ort und auf der Fahrt.« So wird es in einem Bericht aus dieser Zeit geschildert, und weiter heißt es da: »Der besondere Reiz dieses Bergwerkes bestand […] in der Beweglichkeit von einigen seiner Teile. Ver

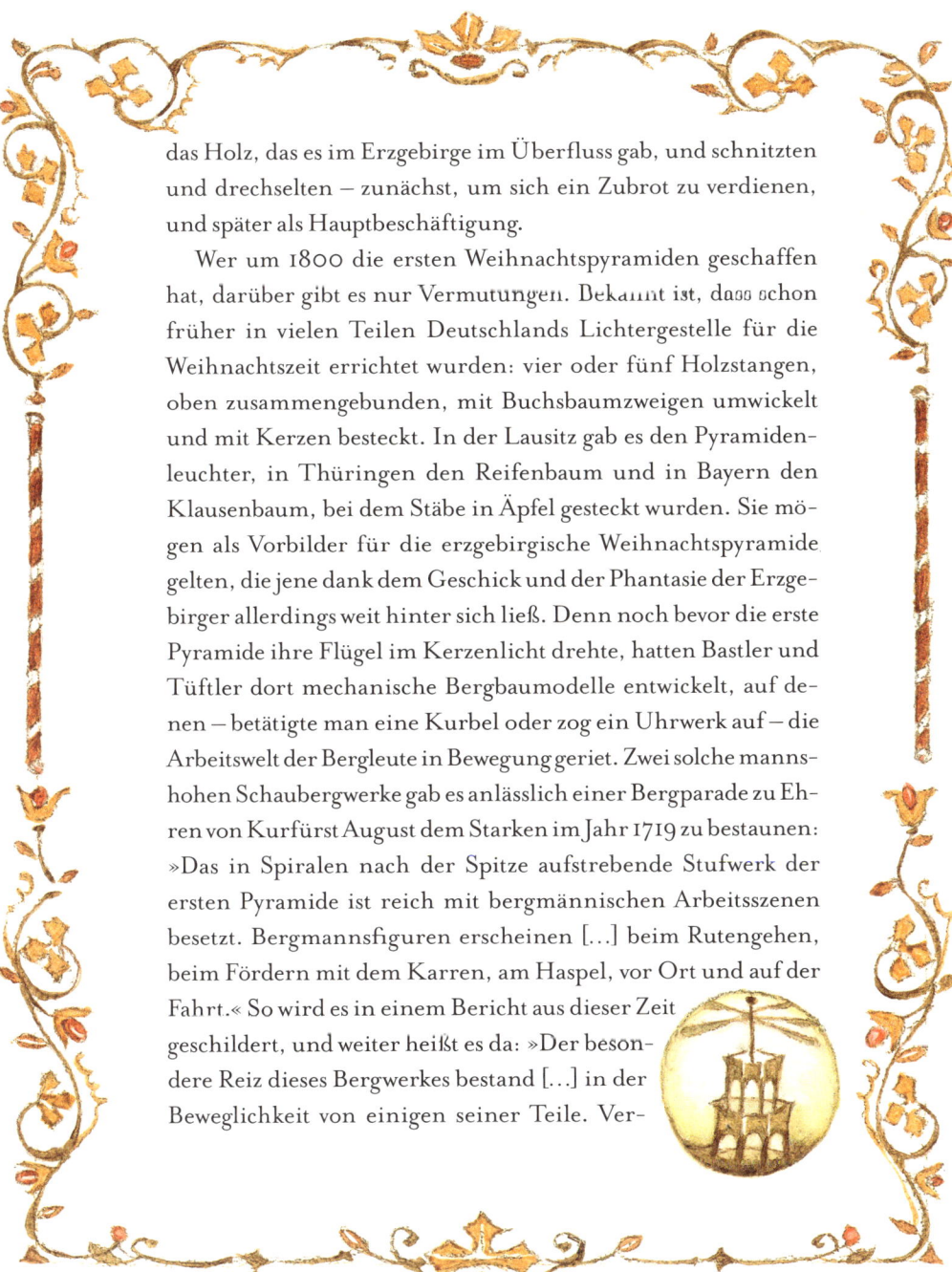

mutlich gab ein eingebautes Uhrwerk die Antriebskraft. War es aufgezogen, dann traten die beiden Haspler in Tätigkeit, dann stiegen die Häuer auf den Fahrten auf und ab, dann führten die Förderleute die Karren mit Erz zum Füllort.« Von einem solchen Werk feinster Mechanik bis zur von brennenden Kerzen bewegten Weihnachtspyramide war es nur noch ein kleiner Schritt. Gut möglich, dass sich die Kunsthandwerker dabei von den Göpeln in den Bergwerken inspirieren ließen, jenen großen Drehvorrichtungen, die von im Kreis laufenden Pferden oder Rindern angetrieben wurden und so die Gesteinsbrocken an die Oberfläche beförderten. In einigen Pyramiden ist im obersten Stockwerk ein Paar solcher Zugtiere im kreisrunden Umlauf zu sehen.

Immer neue Konstruktionen überragten die alten an Größe, Eleganz oder Kunstfertigkeit. Da gibt es Drehtürme mit gotischen oder barocken Formen, Miniaturnachbauten von Kirchen und Fachwerkhäuser, auf deren Dach sich das Flügelrad dreht. Es gibt Pyramiden in Glasflaschen, deren Rad aus dem Flaschenhals herausragt, und winzige Exemplare, von denen die kleinsten in Walnussschalen oder gar einen Kirschkern passen. Und es gibt riesige, mehr als zehn Meter hohe Pyramiden, die Zierde von Marktplätzen weit über das Erzgebirge hinaus. Zur Einweihung einer solchen Ortspyramide wurden im Advent 1967 die folgenden Worte gesprochen: »Wenn hell die Lichter strahlen, / sich sacht die Flügel drehn, / dann möchte ich am liebsten / auf diesem

Teller stehn. / Mich drehn im Kreise rundherum / mit all der großen Pracht, / ihr Schnitzerleut', wir danken euch / für das, was ihr vollbracht.«

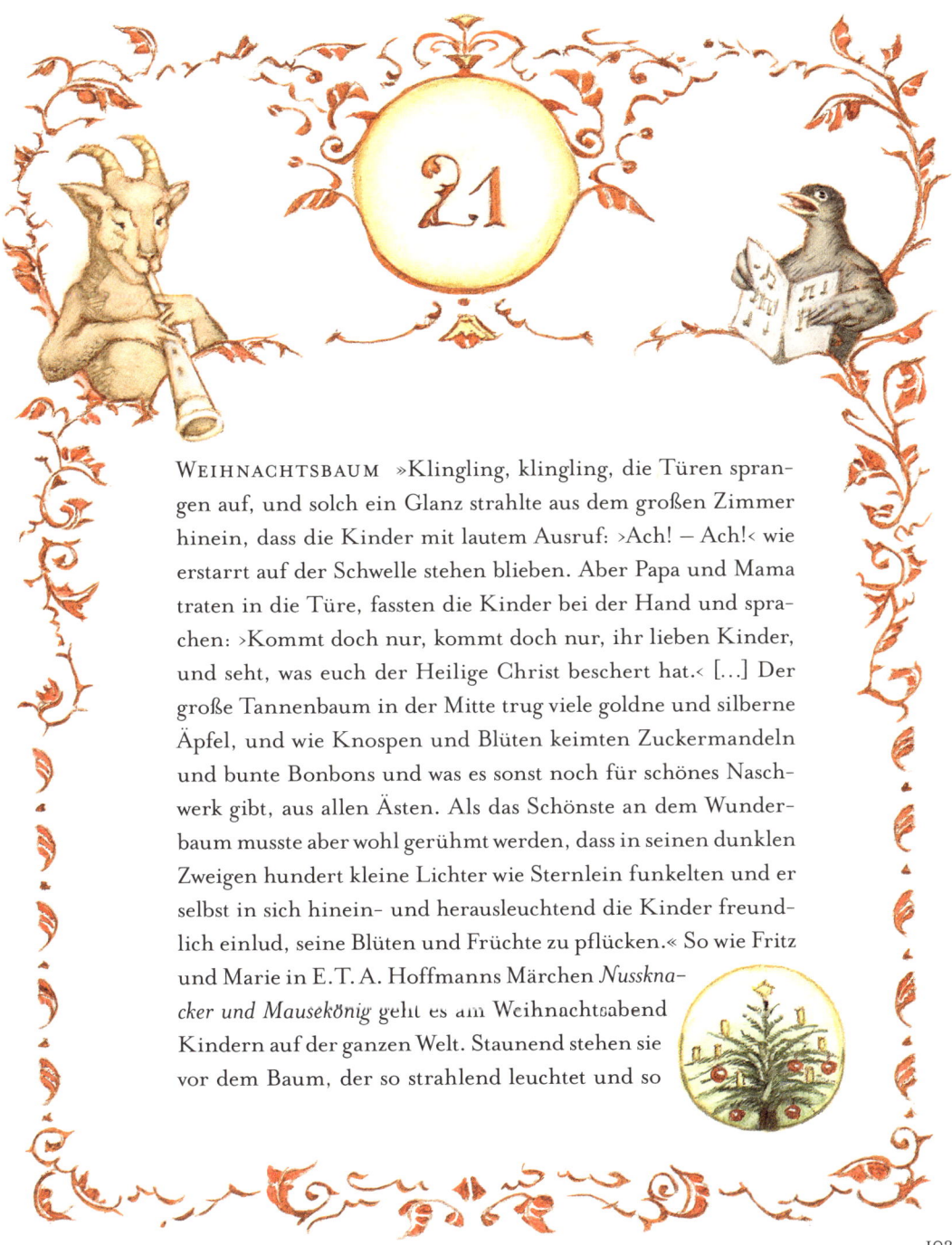

WEIHNACHTSBAUM »Klingling, klingling, die Türen sprangen auf, und solch ein Glanz strahlte aus dem großen Zimmer hinein, dass die Kinder mit lautem Ausruf: ›Ach! – Ach!‹ wie erstarrt auf der Schwelle stehen blieben. Aber Papa und Mama traten in die Türe, fassten die Kinder bei der Hand und sprachen: ›Kommt doch nur, kommt doch nur, ihr lieben Kinder, und seht, was euch der Heilige Christ beschert hat.‹ […] Der große Tannenbaum in der Mitte trug viele goldne und silberne Äpfel, und wie Knospen und Blüten keimten Zuckermandeln und bunte Bonbons und was es sonst noch für schönes Naschwerk gibt, aus allen Ästen. Als das Schönste an dem Wunderbaum musste aber wohl gerühmt werden, dass in seinen dunklen Zweigen hundert kleine Lichter wie Sternlein funkelten und er selbst in sich hinein- und herausleuchtend die Kinder freundlich einlud, seine Blüten und Früchte zu pflücken.« So wie Fritz und Marie in E. T. A. Hoffmanns Märchen *Nussknacker und Mausekönig* geht es am Weihnachtsabend Kindern auf der ganzen Welt. Staunend stehen sie vor dem Baum, der so strahlend leuchtet und so prachtvoll glänzt, wie sie es sich in ihren kühnsten Träumen nicht haben ausmalen können.

Den allerersten Weihnachtsbaum sollen übrigens der Weihnachtsmann und das Christkind selbst geschmückt haben. So erzählt es jedenfalls eine Geschichte von Hermann Löns. Der Weihnachtsmann ärgerte sich nämlich, weil es ihm nicht mehr gelang, die Kinder zum Strahlen zu bringen. Er grübelte und grübelte, doch ihm wollte nichts einfallen, womit er die rechte Weihnachtsfreude in die Kinderwelt bringen könnte. Also klagte er dem Christkind sein Leid. Nachdenklich gingen die beiden durch den weißen Winterwald – da blieb das Christkind vor einer Tanne stehen. »Sie war regelmäßig gewachsen, hatte auf jedem Zweig einen Schneestreifen, an den Zweigspitzen kleine Eiszapfen, und glitzerte und flimmerte nur so im Mondenschein. […] ›Gib ein paar Äpfel her‹, sagte das Christkindchen, ›ich habe einen Gedanken.‹« Und behängte das verschneite Bäumchen über und über mit rotbackigen Äpfeln. Dann rieb es einige Walnüsse über die goldene Oberseite seiner Flügel und befestigte auch sie in den Zweigen. Schließlich zerschnitt es einen langen Wachsstock in viele Stücke, steckte diese in die Zweige und entzündete sie. Glücklich über ihren Einfall, trugen die beiden den Baum ins nächste Dorf und stellten ihn dort bei einem Bergmann auf. Und auch die anderen Bewohner des Ortes fanden ihn so schön, dass sie gleich in den Wald zogen, um sich ebenfalls einen zu schlagen. »Als es dann Abend wurde, brannte im ganzen Dorfe Haus bei Haus ein Weihnachtsbaum, überall hörte man Weihnachtslieder und das Jubeln und Lachen der Kinder.«

Der Urahn aller Christbäume aber hat im Paradies gestanden. Zu den mittelalterlichen Krippenspielen gehörte nämlich der Paradiesbaum, von dem Eva den Apfel pflückte, mit dem sie Adam verführte. Einen Baum aufzustellen und ihn mit Äpfeln zu behängen wurde so zum festen Weihnachtsbrauch, allerdings zunächst nur in den Kirchen. Mit den Jahren wurde der Baum immer schmucker, verziert mit vergoldeten Nüssen, Festtagsgebäck und Süßigkeiten. Am Ende der Weihnachtszeit durften die Kinder ihn plündern und seine Früchte »abblümeln«.

Im 16. Jahrhundert begannen die Zünfte damit, bei ihren Feiern geschmückte Bäume aufzustellen. Von dem neuen Weihnachtsbrauch war auch die Aristokratie angetan, und so verbreitete sich die Tradition in den Adelshäusern und Palästen in ganz Europa. Den ersten Gabenbaum in den Wohnstuben bürgerlicher Familien beschreibt ein Bericht aus dem Jahr 1605: »Auf Weihenachten richtett man Dannenbäum zu Straßburg in der Stuben auff daran hencket man roßen auß vielfarbigem papier geschnitten, Äpfel, Oblaten, Zischgold, Zucker etc.« Im 17. und 18. Jahrhundert breitete sich der Brauch dann im gehobenen Bürgertum aus. Bis der Tannenbaum in allen deutschen Weihnachtszimmern Einzug hielt, verging allerdings noch viel Zeit. An Heiligabend 1870, mitten im Deutsch-Französischen Krieg, ließen adlige Heerführer in den Lazaretten, Quartieren und Unterständen Weihnachtsbäume aufstellen. Und die siegreich heimgekehrten Soldaten sorgten dafür, dass bald in jedem Haus ein Tannenbaum erstrahlte.

Krieg ist immer unmenschlich. Daran kann auch kein Weihnachtsbaum etwas ändern. Doch wenn für eine Nacht die Menschlichkeit siegt, kann er ein Symbol sein für den Frieden. So geschah es im Kriegswinter 1914. Heinrich Gustav Teichmann, der als Soldat an der Westfront gedient hatte, erinnerte sich, dass er und seine Kameraden sich schon lange vor dem Fest überlegt hatten, wie sie an einen Weihnachtsbaum gelangen könnten. Doch das einzige Wäldchen in der Nähe lag im Niemandsland. Am Heiligen Abend machten er und zwei seiner Kameraden sich dennoch dorthin auf und schlugen ein Bäumchen. Da entdeckten sie drei Franzosen, die das Gleiche taten. Die Soldaten versteckten sich, griffen schon zu ihren Karabinern. »Dann geschah das Wunder: Die Franzosen kamen ohne Waffen auf uns zu. Wir ließen unsere Gewehre einfach liegen und schritten unseren Feinden entgegen. Der vordere rief: ›Nix schießen, Kamerad!‹ Zur Verständigung winkten wir mit den Händen und hoben unser Weihnachtsbäumchen hoch. Auf der anderen Seite taten sie das Gleiche und hoben die Fichte empor.« Und so hielten die »staatlich verordneten Feinde« eine ungewöhnliche Weihnachtsfeier in dem Wäldchen ab, schenkten einander Zigaretten und rauchten gemeinsam. Dann kehrten sie in ihre Schützengräben zurück, um ihre Bäume zu schmücken und mit den Kameraden zu feiern. »Nicht ein Schuss fiel. Man konnte die Illusion haben, im Frieden zu leben.«

MARIA DURCH EIN' DORNWALD GING Warum berührt uns gerade dieses unter all den vielen Weihnachtsliedern mit ihren frohlockenden Worten, ihren jauchzenden Melodien so sehr? Ist es das Geheimnis seiner Herkunft? Die tiefe Symbolik? Oder sind es die Zartheit und Innigkeit, die in der schlichten Weise mitschwingen? »Maria durch ein' Dornwald ging, Kyrie eleison, / Maria durch ein' Dornwald ging, / Der hat in sieb'n Jahrn kein Laub getragn. / Jesus und Maria. / Was trug Maria unter ihrem Herzen? Kyrie eleison / Ein kleines Kindlein ohne Schmerzen, / Das trug Maria unter ihrem Herzen! / Jesus und Maria. / Da haben die Dornen Rosen getragn, Kyrie eleison / Als das Kindlein durch den Wald getragn, / Da haben die Dornen Rosen getragn. / Jesus und Maria.«

Niemand weiß, wer den Text dieses Lied gedichtet hat und wann es entstand. Es klingt, als sei es schon immer da gewesen. Doch kann man seine Spuren erst im 19. Jahrhundert finden. Für ein Weihnachtslied ist es damit ziemlich jung. Denn lange bevor man Adventskranz und Tannenbaum schmückte, wurde Jesu

Geburt in Liedern gefeiert. »Nun sei uns willkommen, Herre Christ« – dieses älteste bekannte Weihnachtslied in deutscher Sprache wurde schon vor tausend Jahren am Niederrhein gesungen. In den folgenden Jahrhunderten entstand dann ein reichhaltiger Liederschatz. Diese Lieder sang man lange Zeit hauptsächlich in den Kirchen. Seitdem das Weihnachtsfest auch in den guten Stuben der Familien gefeiert wird, wurden die Lieder volkstümlicher. So wie das von Maria, die durch den Dornwald ging, eines der wenigen, in dem Maria, die Mutter, und nicht das Kind im Mittelpunkt steht.

Es berichtet mit einfachen Worten von einem großen Wunder, das Maria widerfuhr – so erzählt eine Legende –, als sie auf dem Weg zu ihrer Cousine Elisabeth war. Sie wanderte über das Gebirge zu einer Stadt in Juda, also durch ein ödes, trockenes Gebiet. Doch als sie so lief, nahmen die dornigen Sträucher Farbe an, und Rosen blühten, wo vorher Kargheit war. Auch Elisabeth erwartete ein Kind, und auch ihre Schwangerschaft war von einem Engel angekündigt worden, ebenso wunderbar und unglaublich und verstörend wie bei Maria. Denn Elisabeth hatte in all den Jahren ihrer Ehe darunter gelitten, dass sie keine Kinder bekommen konnte; und erst als sie schon im unfruchtbaren Alter war, empfing sie Johannes, der später zum Wegbereiter Jesu wurde. So kamen die beiden – Jesus und Johannes – bei dieser Begebenheit zum ersten Mal zusammen, noch bevor sie geboren waren.

Elisabeth spürte das Mysterium, das sich in diesem Moment vollzog: »Und es begab sich, als Elisabeth den Gruß Marias hörte, hüpfte das

Kind in ihrem Leibe. Und Elisabeth ward des heiligen Geistes voll und rief laut und sprach: Gebenedeit bist du unter den Weibern, und gebenedeit ist die Frucht deines Leibes! Und woher kommt mir das, dass die Mutter meines Herrn zu mir kommt? Siehe, da ich die Stimme deines Grußes horte, hüpfte mit Freuden das Kind in meinem Leibe.« So schreibt der Evangelist Lukas.

Zwei Frauen, die ein Kind erwarten, und ein Dornwald, in dem Rosen blühen: Es mehren sich die Zeichen der Hoffnung, die auf das große Ereignis in der Heiligen Nacht deuten. Das Paradies – in der Kunst manchmal auch als Rosengarten dargestellt –, aus dem die Menschen vertrieben worden sind, wird ihnen durch Jesu Geburt wieder geöffnet. Diese Hoffnung und die Rose als ihr sichtbarer Ausdruck sind im katholischen Glauben untrennbar mit der Gestalt Marias verknüpft. So wie die Rose die Königin der Blumen ist, so wird Maria als Himmelskönigin verehrt. Maler haben sie als die lieblichste aller Frauen in den Rosenhag gesetzt, und eine Legende erzählt, der Erzengel Gabriel habe ihr aus hundertfünfundsechzig himmlischen Rosen drei Kränze geflochten: einen weißen als Symbol ihrer Freuden, einen roten, der ihre Schmerzen bezeichnete, und einen goldenen als Sinnbild für ihre Glorien. Aus ebenso vielen Teilen besteht das vollständige Rosenkranzgebet, die sogenannten Rosenkranzgeheimnisse eingeschlossen.

Am Anfang aller Verehrung aber stand eine junge Frau, die über das Gebirge zu einer Freundin wanderte, bei der sie Beistand suchte. Sie war verwirrt durch all das Neue, das ihr widerfuhr, und ihr Verlobter zweifelte an ihr. Drei Monate blieb sie bei der Freundin, dann ging sie gestärkt wieder heim. Der Dichter Rudolf Hagelstange hat die Vertrautheit und Warmherzigkeit in der Begegnung der beiden werdenden Mütter gespürt. Sein Gedicht »Maria an ihre Base Elisabeth« liest sich, als würde darin das Lied »Maria durch ein' Dornwald ging« weitergeführt. »Meine liebe Base … Das Kind ist da! / Ich könnte bei Tage und Nacht lobsingen.« So beginnt dieser fiktive Brief einer jungen Mutter an eine andere, die auch gerade ihr erstes Kind geboren hat. Maria erzählt darin die ganze Weihnachtsgeschichte aus ihrer Sicht: die beschwerliche Reise, die vergebliche Suche nach einer Unterkunft, die Freude über den neugeborenen kleinen Jungen. Ochse und Esel werden als Paten gewürdigt, die Gaben der Hirten freudig entgegengenommen. So plaudert Maria und teilt ihre Freude mit. Und im Überschwang ihrer Gefühle steigern sich die einfachen Verse und werden zum großen Gesang: »Segne dich Gott, was dir immer begegnet; / Segne dich, den meine Seele jetzt lobt. / Mich hat er über die Maßen erprobt. / Mich hat er über die Maßen gesegnet.«

CHRISTKIND »Denkt euch, ich habe das Christkind gesehen! / Es kam aus dem Walde, das Mützchen voll Schnee, / mit rotgefrorenem Näschen. / Die kleinen Hände taten ihm weh, / denn es trug einen Sack, der war gar schwer, / schleppte und polterte hinter ihm her. / Was drin war, möchtet ihr wissen? / Ihr Naseweise, ihr Schelmenpack — / denkt ihr, er wäre offen der Sack? / Zugebunden bis oben hin! / Doch war gewiss etwas Schönes drin! / Es roch so nach Äpfeln und Nüssen!« Wer kennt sie nicht, diese berühmten Verse von Anna Ritter? Wer hat sie nicht als Kind voller Inbrunst vorm Weihnachtsbaum aufgesagt, den Blick auf die Geschenke gerichtet, die das Christkind daruntergelegt hatte? Das Christkind aber hat wohl noch niemand gesehen. Heimlich, hinter verschlossener Tür schmückt es den Baum. Heimlich trägt es seine Gaben ins Zimmer. Dann klingelt es mit dem Glöckchen, das zur Bescherung ruft — und ist verschwunden, noch ehe die Kinder ins Weihnachtszimmer stürmen.

Niemand weiß, wie das Christkind genau aussieht. Und so malt es sich jedes Kind in seiner Phantasie anders aus. Engelsgleich sehen es die meisten vor sich, umhüllt von einem schimmernden Sternennebel vielleicht. Oft ist es ein junges Mädchen mit lockigem, hellblondem Haar. So zumindest sehen die Christkinder aus, die in manchen Gegenden den Kindern einen Weihnachtsbesuch abstatten. Sie tragen weiße, wallende Gewänder, manche haben Flügel, und häufig ist ihr Gesicht von einem Spitzen- oder Seidentüchlein verdeckt. Das Christkind wahrt sein Geheimnis gut. So war es auch bei den Festtagsumzügen, die aus einer Gruppe von Engelsgestalten und einem Sternträger sowie Maria und Josef mit dem Jesuskind in ihrer Mitte bestanden. In der ersten Reihe schritt die Anführerin der Engelsschar, das Gesicht mit einem Schleier bedeckt – sie war das »Christkind«.

Das mag ein wenig verwirren, denn eigentlich gilt die Verehrung der Gläubigen an Weihnachten doch dem Neugeborenen, dem Jesus- oder Christkind selbst. So gibt es denn auch viele Bräuche, bei denen das neugeborene Kind im Mittelpunkt steht. Einer der ältesten ist das Christkindlwiegen; er rührt vom Mittelalter her. Trat damals ein Mädchen ins Kloster ein und legte sein Gelübde als Nonne ab, erhielt es eine Jesusfigur als Geschenk. Diese Puppen waren so groß wie ein Säugling und überaus kostbar, denn sie waren in Seide oder Samt, in Brokat oder Damast gekleidet, und ihre Kleider waren über und über mit Borten und Perlen verziert. »Trösterlein« wurden sie genannt, denn sie sollten den jungen Nonnen in ihren Zellen Gesellschaft leisten und ihnen in einsamen Stunden Trost spenden. Eine solche Puppe wurde an Weihnachten in die Krippe gelegt und zum Gesang der Gemeinde gewiegt. Bis heute gehen in der Vorweihnachtszeit in einigen Orten Ministranten mit einer Wiege, in der eine Jesusfigur liegt, von Haus zu Haus. Dann versammelt sich die ganze Familie um die Wiege, und das Kind wird geschaukelt, und man singt ihm ein Wiegenlied: »Josef, lieber Josef mein, / Hilf mir wiegn mein Kindelein.«

Die Geschenke bringt das Christkind erst seit der Zeit Martin Luthers. Zuvor wurden die Kinder am 6. Dezember vom heiligen Nikolaus beschenkt. Luther lehnte nach dem Grundsatz »Gott allein« die Heiligenverehrung ab. Seine Kinder und auch die der anderen Protestanten erhielten ihre Gaben deshalb – nun an Weihnachten – vom heiligen Christ selbst. Aber wie sollten sie sich den Gabenbringer vorstellen? Als winziges Kind, gebettet in eine Krippe? Oder etwa als den leidenden Jesus am Kreuz? Beide Vorstellungen schienen wenig passend zu sein, deshalb entstand bei den Gläubigen bald das Bild vom engelhaften Christkind. Ausgerechnet im überwiegend protestantisch geprägten Norddeutschland hat seit dem 19. Jahrhundert dann der Weihnachtsmann das Christkind als Gabenbringer weitgehend abgelöst.

Ein treuer Begleiter durch die Kinderzeit ist das Christkind hingegen in katholisch geprägten Gegenden geblieben – »alle Jahre wieder«. Wie muss es da schmerzen, wenn die älteren Kinder behaupten: Es gibt das Christkind gar nicht! So ergeht es Yves und Jean, zwei Siebenjährigen in einer vielschichtigen Erzählung von François Mauriac. Am Vorabend von Heiligabend wird Jean von Schulkameraden verspottet, weil er noch ans Christkind glaubt. Yves teilt seine Überzeugung, ist aber zu feige, ihm beizuspringen. Stattdessen schlägt er ihm vor, in der Heiligen Nacht wach zu bleiben, um »ES« mit eigenen Augen zu sehen. Als es dann so weit ist, verstärken sich Yves' Zweifel: Was, wenn es doch die Mutter ist, die in der Weihnachtsnacht die Geschenke neben den Kamin legt? Die Mutter ermahnt ihn, endlich einzuschlafen, und bricht zur Mitternachtsmesse auf. Später in der Nacht öffnet sich die Tür zu Yves' Zimmer, und der Junge erkennt: »Es war Mama. Sie war es und sie war es auch wieder nicht. Ein Unbekannter hatte die Gestalt meiner Mutter angenommen. […] Sie war es und keine andere, die sich am Kamin zu schaffen machte und dann leise an mein Bett trat. Aber ES war in ihr: Ich trennte eins nicht mehr von dem andern.« Yves verliert in dieser Nacht seinen Kinderglauben an das Christkind – und gewinnt einen tieferen Glauben.

Der Dominikanerpater Franziskus Stratmann, der im vergangenen Jahrhundert lebte, hat das Gefühl, das diese Erzählung vermittelt, in Worte gekleidet: »Im Kern war die Rede vom Christkind eine echte Wahrheit, nur in symbolischer Verkleidung.« Wahr sei, dass das Christkind, also Jesus Christus, wirklich mit reichen Gaben auf die Welt gekommen ist, über die wir uns heute noch freuen sollen und können. »Es war die große Gabe der Erlösung, die uns das Christkind gebracht hat, es war die Gabe der Liebe zu uns, und diese Liebe geben wir an unsere Mitmenschen weiter, wenn auch wir sie beschenken.«

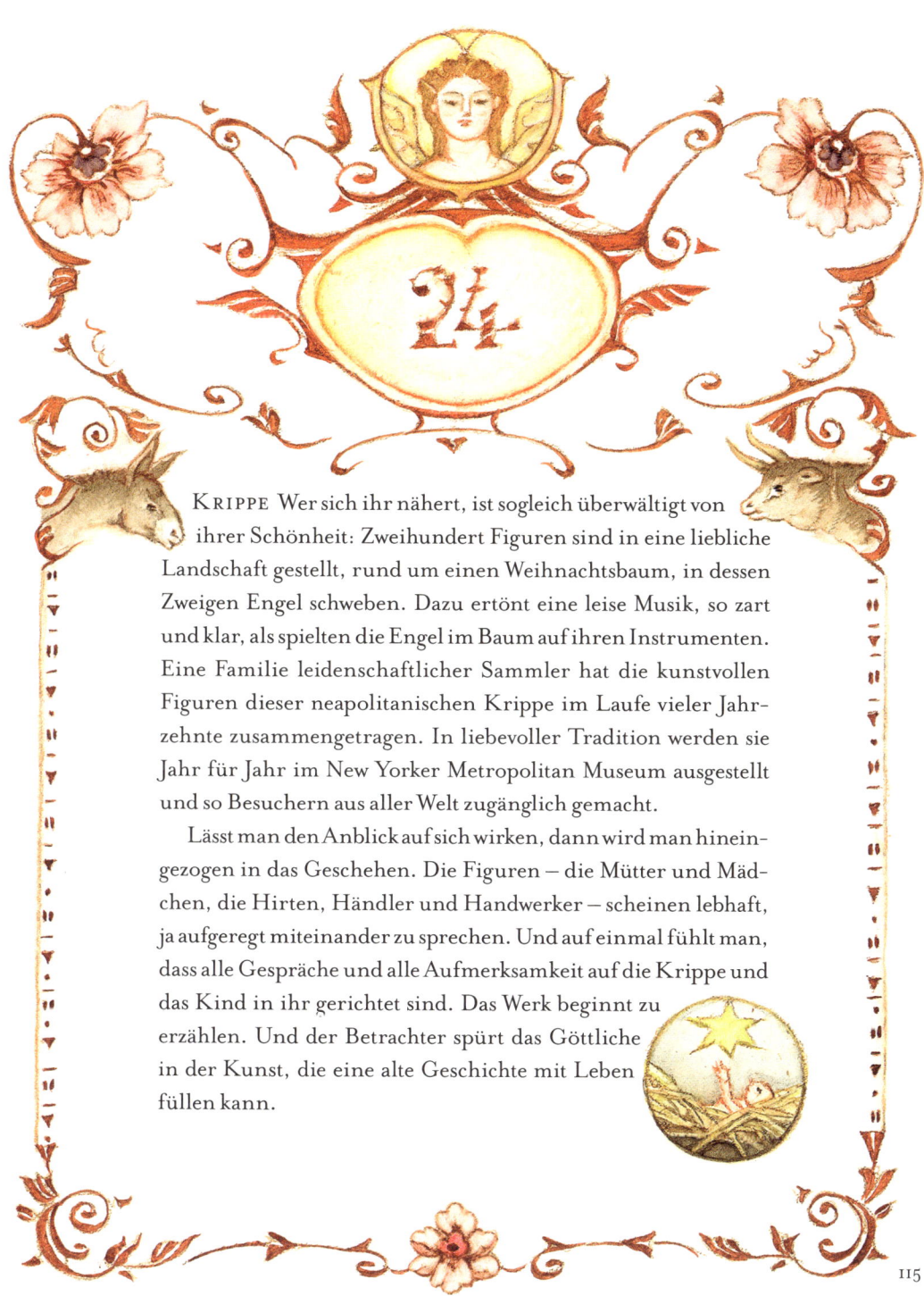

KRIPPE Wer sich ihr nähert, ist sogleich überwältigt von ihrer Schönheit: Zweihundert Figuren sind in eine liebliche Landschaft gestellt, rund um einen Weihnachtsbaum, in dessen Zweigen Engel schweben. Dazu ertönt eine leise Musik, so zart und klar, als spielten die Engel im Baum auf ihren Instrumenten. Eine Familie leidenschaftlicher Sammler hat die kunstvollen Figuren dieser neapolitanischen Krippe im Laufe vieler Jahrzehnte zusammengetragen. In liebevoller Tradition werden sie Jahr für Jahr im New Yorker Metropolitan Museum ausgestellt und so Besuchern aus aller Welt zugänglich gemacht.

Lässt man den Anblick auf sich wirken, dann wird man hineingezogen in das Geschehen. Die Figuren – die Mütter und Mädchen, die Hirten, Händler und Handwerker – scheinen lebhaft, ja aufgeregt miteinander zu sprechen. Und auf einmal fühlt man, dass alle Gespräche und alle Aufmerksamkeit auf die Krippe und das Kind in ihr gerichtet sind. Das Werk beginnt zu erzählen. Und der Betrachter spürt das Göttliche in der Kunst, die eine alte Geschichte mit Leben füllen kann.

»Und sie gebar ihren ersten Sohn und wickelte ihn in Windeln und legte ihn in eine Krippe.« Bis heute wirken diese wenigen Worte des Lukas-Evangeliums magisch. Seit sie niedergeschrieben wurden, haben die Menschen das Verlangen, zu sehen, zu begreifen, was sich da ereignet hat. Sie haben Bilder geschaffen gegen die Flüchtigkeit der Worte, haben das Geschehen in Bethlehem tausendfach gemalt, aus Wachs, Gips oder Ton geformt, in Holz oder Elfenbein geschnitzt, als lebendes Bild oder Krippenspiel dargestellt. Und so sehr sich diese Darstellungen auch unterscheiden, so strahlt doch jede von ihnen alle Innigkeit des weihnachtlichen Geschehens aus.

»Vor Gott muss man sich beugen, weil er so groß ist, vor dem Kind, weil es so klein ist«, hat Peter Rosegger gesagt und damit eine Größe in Worte gefasst, die sich nicht messen lässt. Wer eine Krippe betrachtet, versteht diese Worte. Oft wird das Kind nackt auf seinem kargen Bett aus Heu und Stroh dargestellt, manchmal sogar neben der leeren Krippe auf dem Boden liegend, wie es die schwedische Mystikerin Birgitta in ihren Visionen gesehen hat. Oft auch wird es fest in Binden gewickelt gezeigt, als Fatschenkind, wie man im Alpenraum sagt, weil diese im Lateinischen *fascia* heißen. Manchmal trägt es eine lose Windel, die Josefshosen, die sein irdischer Vater hergab, damit der neugeborene Sohn nicht fror. Doch ganz gleich, wie klein, arm und schutzlos das göttliche Kind auch erscheint: Immer sieht es sanft aus und ernst, wissend und alterslos.

Neben dem Kind kniet seine Mutter, Maria. Sie, die selbst Erhöhte, betet es an. Jung ist sie, fast noch ein Mädchen, und in ihrem weiten Mantel wirkt

sie zart und zerbrechlich. Versunken und voller Hingabe ruht ihr Blick auf dem Kind. Vielleicht liegt auch schon eine Ahnung des kommenden Leids in ihren Zügen. Ihr Mantel ist blau wie der Himmel, die Luft und das Wasser – Blau ist traditionell die Gottesfarbe, Symbol der Treue, der Wahrheit und der Ewigkeit. Doch nicht nur als anbetende Maria ist sie zu sehen. Auch als Himmelsherrscherin oder nährende Mutter wird sie dargestellt. Und immer berührt sie die Herzen der Menschen, so wie es Novalis, der Dichter der Romantik, in seinem »Marienlied« beschrieben hat: »Ich sehe dich in tausend Bildern, / Maria, lieblich ausgedrückt, / Doch keins von allen kann dich schildern, / Wie meine Seele dich erblickt.«

Josef, Marias Mann, steht nah der Krippe, doch nicht im Zentrum des Geschehens. »Der Mann am Rande«, so wird er oft genannt. Der Zimmermann war ein schweigsamer Mensch, von dem in der Bibel nicht ein einziges Wort überliefert ist. Er hat an Maria gezweifelt, das weiß man, bis ihn ein Engel überzeugte. Den Argwohn Josefs beschreibt Rainer Maria Rilke wunderschön in einem Gedicht: »Doch da schrie der Engel: Zimmermann, / merkst du's noch nicht, dass der Herrgott handelt? / Weil du Bretter machst, in deinem Stolze, / willst du wirklich den zur Rede stelln, / der bescheiden aus dem gleichen Holze / Blätter treiben macht und Knospen schwelln? / Er begriff. Und wie er jetzt die Blicke, / recht erschrocken, zu dem Engel hob, / war der fort. Da schob er seine dicke / Mütze langsam ab. Dann sang er lob.«

Auf vielen Darstellungen wirkt Josef abgewandt und nachdenklich. Er hat Jesus als sein »Mantelkind«, seinen Schutzbefohlenen, angenommen, weshalb er immer mit einem Mantel oder Umhang gezeigt wird. Vielleicht aber hat er noch immer nicht verstanden, was ihm geschah. Er ist die Verbindung zur Welt; deshalb steht er meist an der Seite, von der das Volk und die Heiligen Drei Könige sich nahern.

Von dort sind auch die Hirten gekommen, herbeigerufen durch den Verkündigungsengel. Sie waren die ersten Vertreter des Volkes, die an die Krippe eilten, und sie waren nicht die feinsten. Zur damaligen Zeit hatten Hirten einen schlechten Ruf. Sie galten als unehrlich, und ihre Arbeit wurde als minderwertig angesehen. »Seht her«, lautet die Botschaft, »gerade für diese Menschen ist Gottes Sohn auf die Welt gekommen.« Schlicht gekleidet stehen die Hirten an der Krippe. Ihre Gesichter sind tief bewegt. Und als Menschen, die kein leichtes Leben haben, wissen sie auch, was in einer solchen Situation benötigt wird, und bringen Gaben, die wärmen und nähren.

Zwei fehlen noch, ohne die eine Krippe nicht vollständig wäre. Denn ausgerechnet sie waren die Ersten, die auf frühen Darstellungen beim Kind standen, noch bevor Maria und Josef hinzutraten: der Ochse und der Esel. Weil sie in jeden Stall gehören, ist die naheliegende Erklärung. Weil diesen Tieren schon im Alten Testament eine Beziehung zur Geburt Jesu vorhergesagt wird, erklären die Religionsgelehrten: »Ein Ochse kennt seinen Herrn und ein Esel die Krippe seines Herrn«, heißt es beim Propheten Jesaja. Und sie verweisen auch darauf, dass die Tiere Symbol für vieles sind: für Judentum und Heidentum, dessen Abgesandte auch zur Krippe gerufen sind, oder für die Verbundenheit des Menschen

mit den Kreaturen der Schöpfung. Warum jedoch von allen Tieren gerade sie auserwählt wurden, die ersten Tage des Kindes zu behüten, das erklärt der Schriftsteller Karl Heinrich Waggerl.

Als nämlich die geeigneten Anwärter für diese Aufgabe gesucht wurden, gab es, so erzählt er, einen großen Andrang. Viele Tiere bemühten sich um die Ehre und wurden abgewiesen: Der Löwe, der seine Stärke anbot, war dem strengen Erzengel zu grimmig. Dem Fuchs, der das Kind mit gestohlenen Leckereien versorgen wollte, wurde seine Liederlichkeit zum Hindernis. Der Pfau, der mit seinem prächtigen Rad den Stall verschönern wollte, scheiterte an seiner Eitelkeit. Zuletzt erblickte der Engel den Ochsen und den Esel, die draußen auf dem Felde arbeiteten. Sie gehörten einem Bauern und mussten Tag für Tag am Wassergöpel im Kreis laufen. Der Engel rief sie herbei und fragte sie, was sie anzubieten hätten. »Nichts, Euer Gnaden‹, sagte der Esel und klappte traurig seine Ohren herunter.« Und er erklärte, dass sie nichts gelernt hätten als Demut und Geduld, weil ihnen alles andere nur Prügel eingebracht hätte. »»Aber‹, warf der Ochse schüchtern ein, ›aber vielleicht könnten wir dann und wann ein wenig mit den Schwänzen wedeln und die Fliegen verscheuchen!‹ ›Dann seid ihr die Rechten!‹, sagte der Engel.«

Ihr seid die Rechten — das ist die magische Botschaft der Krippe bis heute. Denn diese Worte richten sich an jeden, dessen Herz für Wunder offen ist. Jeder hat — ganz unabhängig von seiner Weltsicht und seinen Erfahrungen — die Möglichkeit, am Weihnachtsgeschehen teilzuhaben, jeder und zu jeder Zeit. So wie die »drei dunklen Könige« in Wolfgang Borcherts gleichnamiger Erzählung. Sie kamen in der Nacht, in einer zerrissenen Zeit. Und sie waren so zerlumpt und hoffnungslos wie die Eltern mit dem Neugeborenen, in deren Zimmer sie sich für einige Minuten ausruhten. Doch sie fanden ärmliche Gaben für Mutter und Kind. Ein Stück Holz, unbeholfen zurechtgeschnitzt zu einem Esel. Zwei gelbe Bonbons. Die junge Frau hatte Angst, als sich die drei über das Kind beugten. Aber dann schrie der Junge, stark und lebendig. Die Männer gingen. Und in dem Zimmer hatte sich etwas verändert. Weint er?, wollte der Vater wissen. »Nein, ich glaube, er lacht, antwortete die Frau. Beinahe wie Kuchen, sagte der Mann und roch an dem Holz, wie Kuchen. Ganz süß. Heute ist ja auch Weihnachten, sagte die Frau. Ja, Weihnachten, brummte er, und vom Ofen her fiel eine Handvoll Licht hell auf das kleine schlafende Gesicht.«

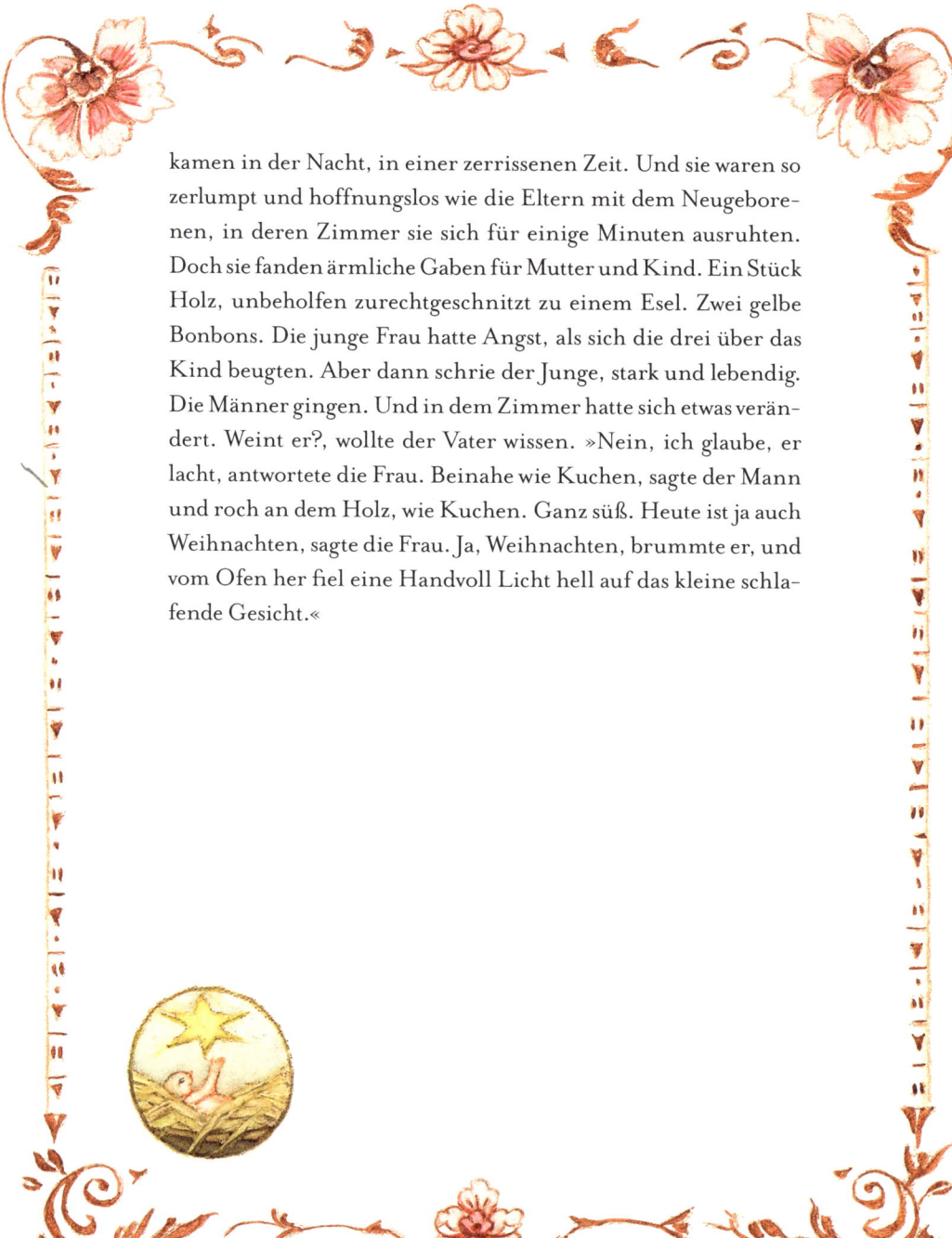

Bibliografie

Abels, Ursula (Hg.): *Die Engel im Himmel hört man sich küssen – und die ganze Welt riecht nach Pfeffernüssen*, München 1983

Baasner, Rainer: *Kleine Geschichte des Weihnachtsmanns*, Berlin 1999

Bartos-Höppner, Barbara (Hg.): *Das große Weihnachtsbuch*, Stuttgart 1979

Becker-Huberti, Manfred: *Feiern, Feste, Jahreszeiten. Lebendige Bräuche im ganzen Jahr*, Freiburg 2001

ders.: *Lexikon der Bräuche und Feste*, Freiburg 2000

ders.: *Der Weihnachtsmann lebt*, Freiburg 2004

Berner, Rotraut Susanne: *Das Hausbuch der Weihnachtszeit*, Hildesheim 2007

Bernhard, Marianne: *Altes Brauchtum*, München 1985

Die Bibel oder die ganze Heilige Schrift des Alten und Neuen Testaments nach der Übersetzung Martin Luthers, Stuttgart 1972

Blail, Gerhard: *O du fröhliche. Die Geschichte unserer schönsten Weihnachtslieder*, Stuttgart ²1995

Blandine, Eva: *Kerzenlicht*, Zürich 1966

Bogner, Gerhard: *Das neue Krippenlexikon*, Lindenberg 2003

Breuer, Judith und Rita Breuer: *Von wegen Heilige Nacht*, Mülheim an der Ruhr 2000

Casparek-Türkkan, Erika: *Tannenbaum und Lichterengel. Weihnachten wie in alter Zeit – von Mecklenburg bis zum Erzgebirge*, Bergisch-Gladbach 1990

Cullmann, Oscar: *Die Entstehung des Weihnachtsfestes und die Herkunft des Weihnachtsbaumes*, Stuttgart 1990

Ehlert, Thomas: *Der Adventskranz und seine Geschichte*, Hamburg 2006

Ernst, Eugen: *Weihnachten im Wandel der Zeiten*, Stuttgart 2000

Evangelisches Gesangbuch. Ausgabe für die Evangelisch-Lutherischen Kirchen in Niedersachsen und für die Bremische Evangelische Kirche, Hannover 1994

Everding, Willi: *Von Advent bis Zuckerfest*, Bielefeld 1996

Feilhauer, Angelika: *Feste feiern in Deutschland*, Zürich 2000

Frank-Planitz, Ulrich (Hg.): *Streiflichter aus dem Weihnachtsland*, Stuttgart und Leipzig 2005

Gaethgens, Eva: *Winterleben auf Großmutters Landgut*, Hamburg ³1912

Gajek, Esther: *Adventskalender. Von den Anfängen bis zur Gegenwart*, München 1989

Hagelstange, Rudolf: *Stern in der Christnacht. Eine Weihnachtsgabe*, Zürich 1959

Herrlein, Theo: *Das Weihnachts-Lexikon. Von Aachener Printen bis Zwölfernächte*, Reinbek bei Hamburg 2005

Hinrichsen, Torkild: *Weihnachten in Europa*, Husum 2004

Hoffmann, Felix: *Hundertundein Grimm-Märchen*, Aarau 1985

Jens, Walter (Hg.): *Es begibt sich aber zu der Zeit. Texte zur Weihnachtsgeschichte*, Frankfurt am Main 1993

Kircher, Nora und Bertram Kircher: *Familienfeste von A–Z. Das praktische Lexikon für das ganze Jahr*, Freiburg 1992

Kolb, Karl (Hg.). *Der Weihnachtsbogen*, Würzburg 1979

Koranyi, Stephan (Hg.): *Reclams Weihnachtsbuch*, Stuttgart 1988

Küster, Ulla (Hg.): *Weihnachtsbriefe deutscher Dichter*, Stuttgart 1988

Lehmkuhl, Sabine (Hg.): *Das große Ravensburger Buch der Engel*, Ravensburg 2000

Leichsenring, Claus: *Erzgebirgische Weihnachtspyramiden*, Dresden 1993

Lenz, Werner: *Alle Jahre wieder. Weihnachten von A–Z*, Gütersloh 1969

Löns, Hermann: *Der allererste Weihnachtsbaum*, Ascheberg-Herbern ²2003

Méchin, Colette: *Sankt Nikolaus. Feste und Brauchtum in Vergangenheit und Gegenwart*, Saarbrücken 1982

Mostar, Katinka und Herrmann Mostar: *Was gleich nach der Liebe kommt. Katherlieschens Kochbuch*, Hamburg 1966

Nix, Angelika und Svenja Blume (Hg.): *Schwedische Weihnacht*, Freiburg 2004

Pesch, Johannes: *Die Glocke in Geschichte, Sage, Volksglaube, Volksbrauch und Dichtung*, Dülmen 1918

Petersen, Albert: *Der junge Perthes*, Hamburg 1925

Pieske, Christa: *Marzipan aus Lübeck. Der süße Gruß einer alten Hansestadt*, Lübeck 1997

Pinzl, Richard und Gustl Tögel: *Der Christbaum*, München 1968

Ratzenböck, Anneliese: *Der Christbaum*, Linz 1985

Reding, Josef: *Kein Platz in kostbaren Krippen. Weihnachtsgeschichten für unsere Zeit*, Recklinghausen 1979

Rias-Bucher, Barbara: *Das Weihnachts-ABC*, München 2001

Riemerschmidt, Ulrich: *Weihnachten. Kult und Brauch einst und jetzt*, Hamburg 1962

Ruland, Josef: *Weihnachten in Deutschland*, Bonn-Bad Godesberg 1978

Scherenberg, Michaele und Karl-Heinz Stier: *Zum Anbeißen. Das hessische Apfelbuch*, Frankfurt am Main 2002

Schönfeldt, Sybil: *Das große Ravensburger Buch der Feste und Bräuche. Durch das Jahr und den Lebenslauf*, Ravensburg 1993

dies.: *Das große Ravensburger Weihnachtsbuch. Basteln, backen, kochen, schenken, feiern*, Ravensburg 1984

dies.: *2000 Jahre Weihnachten*, Freiburg 1998

Schreiner, Klaus: *Maria. Leben. Legenden. Symbole*, München 2003

Simon, Andreas: *Die schönsten Märchen der Romantik*, München o.J.

Steinchen, Renate: *Das Berliner Weihnachtsbuch. Traditionelle Geschichten, Gedichte, Rezepte und Gebräuche zur Weihnachtszeit*, Berlin 1996

Steinwede, Dietrich: *Vom Engel, der nicht singen wollte. Die schönsten Weihnachtslegenden*, Gütersloh 1980

Stille, Eva und Ursula Pfistermeister: *Christbaumschmuck. Ein Buch für Sammler und Liebhaber alter Dinge*, Nürnberg 1979

Tolkien, J.R.R.: *Die Briefe vom Weihnachtsmann*, hg. von Baillie Tolkien, übers. von Anja Hegemann, Stuttgart ²1978

Ufertinger, Volker: *Warum feiern wir Weihnachten?*, München 2004

Weber-Kellermann, Ingeborg: *Das Buch der Weihnachtslieder*, Mainz 1982

dies.: *Das Weihnachtsfest. Eine Kultur- und Sozialgeschichte der Weihnachtszeit*, München 1987

Wormer, Holger und Hubert Filser: *Schöne Bescherung!*, Freiburg 2004

Register

Iris Schürmann-Mock, 1947 in Duisburg geboren, Redakteurin bei verschiedenen Zeitungen und Zeitschriften und Autorin zahlreicher Bücher. Bei Gerstenberg erschienen *Mythische Orte, Mein Herz tanzte mit ihr durch das Land* und *O schöner, grüner Wald.* Heute lebt sie als Reisejournalistin und freiberufliche Autorin in Bornheim bei Bonn.

Katrin Lankers, geboren 1977 in Frankfurt am Main, studierte Journalistik an der Universität Dortmund. Nebenbei und anschließend arbeitete sie für verschiedene Zeitungen, Zeitschriften und Onlinemedien, bis sie sich vor allem dem Schreiben von Sach- und Jugendbüchern zuwandte. Als freiberufliche Autorin lebt sie mit ihrem Mann, zwei Kindern und zwei Katzen in Bornheim bei Bonn.

Helga Gebert, geboren 1935, studierte an der Freiburger Kunstakademie und hat Bilderbücher und vor allem Märchenbücher veröffentlicht, die sie übersetzt und illustriert. Sie lebt als freischaffende Künstlerin in Freiburg im Breisgau.

Das Buch erschien unter dem Titel
Advent, Advent. Weihnachtsbräuche in 24 Geschichten erstmals 2007.

Copyright © 2011 Gerstenberg Verlag, Hildesheim
Alle Rechte vorbehalten
Lithografie: PPP Pre Print Partner, Köln
Druck und Bindung: Tlačiarne BB, Banská Bystrica
Printed in the Slovak Republic

ISBN 978-3-8369-2667-6

www.gerstenberg-verlag.de